FRANCE
NETHERLANDS
GERMANY
CZECH REPUBLIC
AUSTRIA
SWITZERLAND
SPAIN
PORTUGAL

8개국

3 7 개 도 시

PARIS	SALZBURG	LYON	LISBON
NANTES	HALLSTATT	LA TOURETTE	PORTO
AMSTERDAM	GMUNDEN	NICE	PANTIN
ROTTERDAM	MUNCHEN	AVIGNON	VERSAILLES
DEN HELDER	ZURICH	BARCELONA	RONCHAMP
FRANKFURT	LUZERN	GRANADA	POISSY
BERLIN	INTERLAKEN	MALAGA	LA DEFENSE
DRESDEN	MONTREUX	CORDOBA	
PRAGUE	VEVEY	SEVILLA	
VIENNA	GENEVE	MADRID	

건 축 가 와 함 께 걷 는
고요와 평화로
지어올린 성당

| 만든 사람들 |
기획 인문·예술기획부 | **진행** 윤지선 | **집필** 문마닐 | **편집·표지디자인** D.J.I books design studio 김진

| 책 내용 문의 |
도서 내용에 대해 궁금한 사항이 있으시면
저자의 홈페이지나 J&jj 홈페이지의 게시판을 통해서 해결하실 수 있습니다.
제이앤제이제이 홈페이지 jnjj.co.kr
디지털북스 페이스북 facebook.com/ithinkbook
디지털북스 인스타그램 instagram.com/digitalbooks1999
디지털북스 유튜브 유튜브에서 [디지털북스] 검색
디지털북스 이메일 djibooks@naver.com
저자 브런치 brunch.co.kr/@manilmoon
저자 이메일 manil@kakao.com

| 각종 문의 |
영업관련 dji_digitalbooks@naver.com
기획관련 djibooks@naver.com
전화번호 (02) 447-3157~8

건 축 가 와 함 께 걷 는

고 요 와
평 화 로
지어올린
성 † 당

글·사진 문마닐

J & jj
제이 앤 제이제이

건축에 담긴 인간의 마음을 바라보는 다정한 시선

- 김지연(미술비평가, 작가/『보통의 감상』, 『마리나의 눈』)

글을 쓰며 '딱 너 같이 쓴다'는 말을 자주 듣는다. 그도 그럴 것이 글이든 그림이든 사람이 만들어낸 것에는 너무나도 만든 이의 흔적이 묻어난다. 문마닐의 글도 그렇다. 시작하면서 미리 말하자면, 나는 그를 '꼼꼼한 시선, 부지런한 마음을 가진 사람'이라고 부르고 싶다.

그가 유럽 여행 계획을 짜던 때를 기억한다. '탈건축'을 하겠다면서 왜인지 건축사 자격증을 따고 성실하게 건축 언저리를 맴돌던 그는, 두 달이나 되는 긴 휴가 동안 얼마나 알차게 돌아다닐지 미리부터 계획하고 있었다. 심지어 다녀온 뒤에는 말도 안 되는 분량의 여행기를 매우 꾸준히, 심지어 직장을 다니면서 써냈다. 우리는 서로를 '열정러'라고 부르는데, 나도 나지만 문마닐도 참 문마닐이다. 매번 아니라고 하면서 꼼꼼하게 바라보고 성실하게 챙기고 부지런히 마음을 쓴다. 그러면서 또 아니라고 한다. 건축에게 마음이 있다면 문마닐은 참으로 '츤데레'같은 존재일 테다.

이 책도 그렇다. 성당 건축에 관한 책이라고 해서 차분하고 영적일 것이라고 생각하면 오산이다. 종교에 국한되지 않고 건축과 지역의 문화, 또는 자연이 어우러진 모습, 사소한 디테일, 공간이 머금은 역사, 사람의 흔적에 구석구석 시선이 머문다. 저자는 마치 디저트 하나를 먹어도 진심으로 집중하면서 느낄 수 있는 맛을 모두 느끼려고 노력하는 평소의 자신처럼, 본 것을 찬찬히 풍성하게 표현한다. 그렇게 바라보고 느낀 것을 자신이 아는 우리의 현재에 연결지어 본다.

본문 중, 사람들은 하늘에 가까이 닿고 싶어서 높은 고딕 양식의 성당을 지었지만, 작가는 하늘이 가까운 곳에서 행복을 만나고 왔다는 내용이 있다. 높은 곳의 의미가 예전에는 신이 있는 곳이었다면, 현재의 우리에게는 전망이 아름다운 곳, 꼭 가보고 싶은 곳일지도 모르겠다. 인간의 마음이 담긴 건축물들도 그렇다. 시대가 달라지고 보는 사람의 시선이 바뀌면 그 장소에 담기는 인간의 마음도 조금씩 달라진다. 그래서 나는 어떤 종류의 작품이든 그것을 만든 마음, 둘러싼 시대, 바라보는 시선이 중요하다고 생각한다. 무엇보다 중요한 건 인간의 마음이다. 그래서 무언가에 관해 쓸 때는, 대상에 담긴 인간의 마음을 읽어내는 것과 그 글에 인간의 마음을 담는 것이 둘 다 중요하다.

건축에 담긴 인간의 마음을 부지런하고 다정하게 읽어내는 이 책은, 그런 면에서 쓴 사람의 마음까지 듬뿍 담긴 작품이다. 저자는 궁전의 정원을 산책하며 깨알같이 미니 와인과 사과, 살라미를 주머니에 챙기고, 오래된 수도원에서는 아침부터 종류별로 맥주를 마시고는 인생 맥주를 찾았다고 외친다. 예쁜 찻잔을 꽁꽁 싸서 캐리어에 넣은 채 들고 다니다가 힘들어서 후회하고, 영 다른 도시로 잘못 향하는 실수를 저질렀다가, 어떤 날은 아무도 가지 않는 작은 도시에서 최고의 공공도서관을 발견한다. 줄을 서서 기다릴 땐 옆 사람에게 말을 걸어 친구를 만들고, 숙소의 호스트 할머니와 따뜻하게 손을 잡는다. 건축에 진지하다가도 이렇게 어디서든 여행의 감각을 잃지 않는다. 정말이지, 별수 없이 자기 자신 같은 여행을 했다.

그런 마음을 가진 사람과 함께 이 책 속에서 유럽의 건축을 돌아본다. 르 코르뷔지에와 미스 반 데어 로에의 흔적을 더듬어 보고, 오래된 수도원에서부터 현대적인 성당까지, 혹은 웅장한 궁전에서부터 소박하게 작은 집까지 기웃거려본다. 전문 지식으로 단단하게 무장한 가이드가 일방적으로 쏟아붓는 설명을 듣는 기분이라기보다는, 건축을 전공한 친구와 함께 잔잔하게 수다를 떨며 여행하는 기분이다. 아, 물론 그 친구는 매우 박학다식한 친구다. 게다가 매우 꼼꼼한 친구라, 건축물 근처에서 만나볼 수 있는 소소한 볼거리, 먹을거리 같은 것들, 잘 정리된 정보는 덤으로 얻을 수 있다.

미술 이론을 전공했음에도 미리 정보를 알아보고 공부하고 가지 않으면 현지에서 만난 작품들을 모두 깊이 감상하기 어렵다. 심지어 잘 알려지지 않은 것들은 한눈에 알아보지 못하고 지나치기 일쑤다. 그래서 처음 여행하는 사람들에겐 가기 전에 꼭 그 지역이나 예술에 관련된 책을 읽어보라고 권하는 편이다. 지식이 전부는 아니지만, 지식과 경험이 적절한 비율로 어우러질 때 비로소 다른 세계로 향하는 문이 열린다.

그런 의미에서 이 책은 유럽의 건축과 문화에 대한 지식을 준비해 여행하고 싶은 보통의 여행자에게 딱 맞는 가이드다. 이 책의 저자처럼, 어려운 지식으로 잘난척하지 않으면서도 매우 사교성이 좋고 다정한 책이다. 아직 여행이 무리라면, 이 책만으로도 충분히 여행한 기분이 들 테다. 본 것을 그리듯이 묘사하는 재주가 있는 글이니까.

읽는 내내, 그에게 추천했던 스트라호프 수도원의 맥주 맛이 떠올랐다. 또 여행에 다녀온 뒤 초대해준 티타임에서 마이센의 잔에 커피를 마셨던 순간을 기억해냈다. 이 여행에 관여된 기분이 들자 어쩐지 읽는 내내 설렜다. 그래서 다시 한번 읽어볼 참이다. 이왕이면 유럽에서의 어느 날처럼 하늘이 푸르고 구름이 커다란 날, 주머니에 사과 한 알과 미니 와인을 챙겨 야외로 나가도 좋겠다. 그렇게 책을 읽으며, 다른 세계로 열리는 문의 형상을 마음속에 하나씩 그려 보려고 한다. 언젠가 실제로 그 문을 열 순간을 기대하면서. 문이 열린 곳이 빌라 사보아의 네모난 창 앞일지, 완공된 사그라다 파밀리아 앞일지, 그것도 아니라면 융프라우의 설원 앞일지는 아직 모르겠지만, 부지런하고 다정한 시선과 함께라면 그 어디라도 좋겠다.

Contents

유럽, 그리고 성당

2019년 봄, 난생 첫 유럽 여행을 떠났다. 남들은 다 대학교 방학 때 가봤다는 유럽을 첫 회사를 그만두고 나서야 가게 된 것이다. 68일간의 빼곡한 일정 속에서 순간의 기억들을 잊지 않기 위해 매일매일 여행기를 썼다. 이 책은 그 기록을 모아 다시 구성한 것이다.

누군가는 맥주, 누군가는 음악을 테마로 여행을 떠났지만 나에게는 이렇다 할 콘셉트가 없었다. 다만 건축을 전공하고 직업으로 삼았기에 자연스레 건축물과 공간에 대해 생각할 거리가 많았다. 혼자서도 즐거웠던 그 여정을 다시 들추어 독자 여러분이 쉽게 따라갈 소재를 찾았다. 바로 성당이다.

파리에서는 여행 책자에 있는 성당을 찾아 언덕을 오르기도 하고, 유명 건축가가 지었다는 성당을 찾아 이름조차 낯선 도시 롱샹을 찾아갔다. 산속에 있다는 수도원에서 하루 머무르기 위해 숙박을 이중으로 잡기도 했고, 새벽 산책을 하다가 우연히 만난 묘지에서 마음의 평온을 찾았다. 또, 어떤 수도원에서는 인생에 길이길이 남을 맥주를 마시기도 했다. 도시의 성당마다 여행의 추억이 알알이 묻어 있다.

도시마다 기념비적인 성당이 없는 곳을 찾기가 더 어려운 곳이 유럽이다. 왜 그렇게 성당이 많을까? 우선, 유럽은 2020년 기준 5억 3천여 명의 가톨릭 신자가 살고 있다. 전체 인구의 72.2%에 해당하는 수치다.[1] 이민자의 유입과 젊은 층의 이탈로 인해 꾸준히 감소세지만, 여전히 큰 숫자다. 사실상 유럽 전역이 가톨릭 문화권인 셈이다.

---

1 Religious Composition by Country, 2010-2050, Pew Research Center

특히나 대부분의 역사적인 성당을 지어올린 중세는 종교와 정치가 분리되어 있지 않은, 이른바 제정일치 사회였다. 이 시기의 성당은 단순히 종교적인 예식을 치르는 장소를 뛰어넘어 마을의 시계였고, 행정기관이었고, 복지센터였고, 커뮤니티 장소였다. 게다가 교통수단도 지금처럼 발달되어 있지 않은 시대였다. 자연스레 도보거리 안에 지역 성당이 생겼고, 큰 도시에는 이를 총괄하는 대성당이 만들어졌다. 지금도 상당수의 지역 커뮤니티가 성당을 기반으로 하고 있다.

유럽 국가의 수도나 대도시에 있는 대성당은 그 도시가 최고로 부유했던 시기에, 가장 앞서 나가는 건축가와 시공자가 공사를 맡고 가능한 많은 자본을 들여 지어졌다. 그리고 지어진 지 몇백 년이 지나도록 세금과 헌금과 후원금으로 끊임없이 유지보수하며 잘 관리한다. 따라서 건축물을 살펴보면 지어진 당시에 그 사람들이 어떤 재료를 귀하게 생각하고, 어떤 방식으로 주일을 보냈는지, 어떤 형태로 죽은 이들을 추모하고, 어떤 이들의 죽음을 슬퍼했는지 알 수 있다. 그러니 유럽 여행에서 도시의 가장 큰 성당을 보지 않고 지나간다는 것은 그 지역의 황금기를 볼 기회를 그대로 놓쳐버린다는 것과 같다.

이 책을 통해 유럽의 성당을 산책하며 그 도시에 얽힌 재미난 이야기도 풀어보려고 한다. 곧 유럽에 갈 독자 분들께 이 책이 여행지에서 보물지도 역할을 하기를 소망한다. 그리고 이미 다녀오신 독자 분들께는 색다른 시선으로 추억의 공간을 누비며 다시 여행지로 데려다 드릴 수 있는 책이 되기를 바란다.

똑같은 성당인데
왜 이름이 다 다를까?

여행지에서 만난 성당은 한국어로 하면 다 똑같이 성당인데, 영어, 프랑스어, 스페인어, 독일어 등으로 쓰인 성당 이름을 보면 제각기 다른 명칭이 붙은 것을 볼 수 있다. 보통 지역명에 성당의 규모나 용도가 붙어 이름이 정해진다. 특정 성인이나 성모 마리아에게 봉헌된 성당은 그 이름을 따른다. 암호 같고 복잡해 보이는 성당의 이름에 대해 알아보자.

아비뇽 대성당

우리가 흔히 성당과 교회로 나누어 부르는 천주교와 개신교는 영어와 한국어로 다양한 이름이 있다. 유럽 여행안내서나 지도에서 천주교와 개신교의 건물을 정확히 성당과 교회로 나누어 부르지 않기 때문에, 이 이름들을 알아두면 어떤 종교를 따르는 장소인지 알 수 있는 단서가 된다. 천주교는 교황청 아래에 있어 일정한 규칙을 가지고 이름을 짓는다. 개신교는 16세기부터 종교개혁을 거쳐 천주교에서 분리하여 나온 종교로, 보다 다양하고 복잡한 이름과 체계를 가지고 있다. 가장 대표적인 종류 몇 가지만 정리해보았다. 대부분은 우리나라 교회의 이름에서도 볼 수 있는 친숙한 이름들이다. 각기 분파가 생긴 배경이나 창립자의 성향에 따라 교회의 디자인과 활동 방식이 달라진다.

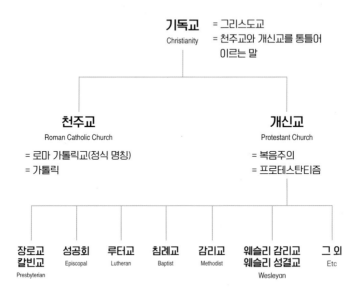

천주교 성당은 교황-추기경-주교-사제 순으로 성직의 위계가 있다. 흔히 대성당을 캐시드럴^{Cathedral, 스페인어로는 Catedral, 프랑스어로는 Cathédrale}이라고 하는데, 주교^{Bishop}를 위한 자리^{Cathedra}가 있는 성당이라는 뜻이다. 따라서 주교좌성당이라고도 부른다. 주교는 교구를 대표하는 인물이므로, 주교좌성당은 교구의 중심이 된다. 우리나라에는 명동성당이 대성당, 즉 주교좌성당이다.

대성당 말고 바실리카^{Basilique}라고 부르는 성당도 있다. 바실리카는 본래 고대 로마인들의 공공건물을 뜻하는 이름이다. 거대한 기둥들을 연달아 세운 열주로 기다란 복도를 만들고 비를 피할 수 있게 만든 거대한 공간은 시장, 집회장, 관공서, 그리고 종교적인 목적으로 사용되었다. 현재 바실리카는 두 가지 의미로 사용되고 있다. 첫 번째는 로마 바실리카의 건축 양식을 따른 건물, 두 번째는 로마 가톨릭에서 교황에 의해 지정된 중요한 성당 건물이라는 뜻이다. 파리의 사크레쾨르 대성당^{Basilique du Sacré-Cœur}이 대성당이자 바실리카다.

이 책에서는 이탈리아 성당을 다루지 않아 나오지 않지만, 유럽 여행을 다녀오신 분들 중 '두오모'라는 이름에 익숙하신 분들도 계실 것이다. 두오모는 이탈리아 지역의 대성당을 의미한다. 워낙 세계 전역에 퍼져 있는 게 성당이니만큼, 이름 또한 지역별로 다양하다.

- **수도원** : 수도사들이 공동생활을 하며 머무는 곳이다. 수도회의 특성에 따라 세상 밖으로 나오지 않고 평생 안에서 머물며 기도하는 봉쇄 수도원이 있고, 외부와 활발히 교류하며 다양한 세계를 경험하는 활동 수도회도 있다. 여성 수도사인 수녀들이 머무는 곳은 수녀원이라고 부른다.

- 각 언어 별 명칭은 다음과 같다.

	수도원		수녀원	채플 (작은 규모의 예배당)
	통칭	대수도원		
영어	monastery	abbey	convent	chapel
프랑스어	monastère	abbaye	couvent	chapelle
스페인어	monasterio	abadia	convento	capilla
독일어	kloster	abtei	kloster	kapelle

*convent는 근대 이후 수도원을 뜻하기도 함.

- **성모 마리아를 위해 지어진 성당** : 성모 마리아는 예수의 어머니로, 언어 별로, 국가 별로 부르는 이름과 그 의미가 다양하다. 이 책에 나오는 성당 중에 성모 마리아를 모시는 성당 몇 가지를 예시로 가져왔다.

프랑스

노틀담 Notre dame

예 : 파리의 노틀담 성당 Notre dame de Paris, Our lady of Paris,

롱샹 성당 Chapelle Notre-Dame du Haut, Our Lady of the Heights_높은 언덕 위에 있어 붙여진 이름

성 마리아 Sainte Marie

예 : 라 뚜레트 수도원 Sainte Marie de La Tourette

스페인

산타마리아 Santa Maria

예 : 세비아 대성당 Catedral de Santa María de la Sede

로레타 성당

(비신자를 위한)
성당 입장할 때의 예절

라 뚜레트 수도원과 롱샹 성당을 설계한 근대 건축가, 르 코르뷔지에는 교회 신자가 아니었던 것으로 알려져 있다. 그럼에도 인간이 신께 다가가는 공간을 훌륭하게 구현해냈다. 어쩌면 종교는 어떠한 의식의 형태를 떠나 스스로의 마음속을 들여다보는 과정인지도 모른다. 그러니 마음을 들여다 볼 공간을 짓는 건축가에게 필요한 것은 신에 대한 사랑보다 인간에 대한 이해일 것이다. 라 뚜레트 수도원의 숙소 문 안쪽에는 이런 문구가 적혀 있다. "나는 인간이 그 무엇보다 필요로 하는 것을 위해 작업했다. 그것은 바로 고요와 평화다." 고요와 평화, 이 두 가지를 생각하고 배려한다면 누구보다 훌륭한 성당 여행객이 될 수 있다.

관광으로 방문하는 경우

성당은 종교시설로, 기도하는 사람들을 위해 존재하는 곳이다. 관광지에 있는 성당에도 기도하는 방문객과 시민이 있다. 휴대폰은 진동이나 무음모드로 바꾸고, 큰 소리로 대화하는 것을 삼간다.

지하 예배당은 더욱 간절한 마음으로 기도를 드리는 분들을 위한 공간이다. 방해가 되지 않도록 대화를 자제하고, 카메라 셔터 소리도 조심한다.

미사 시간, 특히 일요일에는 신도 외 입장이 제한될 수 있다. 미리 홈페이지를 확인하자.

사진을 찍는 것을 금지하는 성당들이 있으니 입구에서 금지 사항을 확인하자.

신자들은 성당을 보고 한 번 고개 숙여 절하고, 입구에서 성수를 손에 묻혀 입장한 후 전면의 십자가를 보고 성호를 긋고 자리에 앉는다. 또는 문화에 따라 입구에서 신도끼리 인사를 나누며 입장하는 곳도 있다. 모든 절차를 따라 할 필요는 없지만 길목을 막는 등의 피해를 주지 않도록 주의하자.

혹시 미사에 참여하고 싶다면, 영화관 예절을 떠올리자. 핸드폰은 무음으로 설정하고, 옆 좌석 사람과 떠들지 말고, 앞좌석을 발로 차지 않는다. 간단히 물 정도는 마셔도 괜찮지만 취식은 하지 말자. 미사 도중 신도들이 갑자기 일어나거나, 도로 앉거나, 무릎을 꿇을 것이다. 평화의 인사를 나누는 차례도 있다. 사방에 있는 사람과 눈을 마주치며 인사를 나눈다. 언어별로 나누는 인사가 다르니 상대방이 하는 말을 돌려주거나 간단히 목례를 하자. 성가는 꼭 따라 부르지 않아도 괜찮다. 하지만 옆에 있는 친절한 누군가가 성가 책을 내밀며 함께 부르자고 권할 수 있다. 가능한 주위 신도들의 모습을 따라 하고, 따라 하기 어렵다면 맨 뒤에 앉거나 눈에 잘 띄지 않는 복도에 서 있는 것을 권한다.

'일요일에 입는 좋은 옷(Sunday finest)'이라는 말이 있을 정도로, 신도들은 일요일이 되면 가진 옷 중 가장 좋은 것을 입고 미사에 참여한다. 노출이 심하거나 몸에 지나치게 달라붙거나 색이 화려한 옷은 피하고, 가급적 깔끔하고 정갈한 옷을 입자.

사크레쾨르 대성당

01

[건축 전공자들에게만 유명한 성당]

Notre Dame du Haut + 2019.5.6.

공간과 빛과 질서가 빚은 성당

롱샹 성당
Ronchamp, France

대학교 3학년 때부터 탈건축을 한다던 사람은 졸업 후 건축설계사무소에 취직하고, 결국 건축사 시험까지 준비하고 있다. 한 가지 일에 몰입한 사람을 일본에서는 '오타쿠(おたく)'라고 하는데, 이 말이 한국으로 넘어와 한국식으로 변형되어 '덕후'가 되었다. '덕후'에서 여러 말이 파생하였는데, 뭔가에 몰입을 시작한 것을 '입덕', 잠시 쉬는 것을 '휴덕', 몰입에서 빠져나온 것을 '탈덕'이라고 한다. 건축에 대한 나의 태도를 보자면, 입덕했다는 것을 부정하는 '입덕 부정기' 11년 차이며, 휴덕은 있어도 탈덕은 없다는 명언을 수행하는 사람 중 하나인 것이다.

그래서인지 유럽 여행을 가서도 끊임없이 건물 하나를 보겠다고 하루를 소진하는 일을 반복했다. 네덜란드에서는 2018년에 세계에서 가장 아름다운 도서관으로 선정된 건물 'School 7'을 보기 위해 이름도 낯선 도시 덴 헬더^{Den} ^{Helder}를 방문하고, 프랑스 리옹에서는 건축가 르 코르뷔지에가 설계했다는 '라 뚜레트^{La Toulette} 수도원'에서 하룻밤을 묵겠다고 아예 숙박을 이중으로 잡기도 했다. 그리고 파리에 가서는 또다시 르 코르뷔지에가 설계한 세계에서 가장 유명한 건물 중 하나인 '롱샹 성당^{Notre dam du Haute}'을 보겠다고 프랑스를 동서로 횡단하는 것이다.

전설의 숨결 아래에 스며든 또 다른 거장

파리 몽파르나스 역에서 열차에 올라타 4시간을 가면 뤼흐^{Lure} 역에 도착하고, 30분쯤 기다려서 열차를 갈아타면 십 분 안에 롱샹^{Ronchamp} 역에 내린다. 롱샹행 열차는 딱 한 량짜리 미니 열차라, 마치 버스를 탄 기분이다. 역은 건물도 없이 콘크리트 지붕에 벤치만 덜렁 놓여 있어 우리나라 시골 버스정류장이 생각나는 디자인이다. 철길 위를 지나는 육교를 건너 마을로 나왔다.

시골 버스정류장 같은 롱샹 역

작은 마을에 있는 성당을 지나 콘크리트 아치로 된 게이트를 지나면 흙길과 숲이 나온다. 급하지 않은 경사로 된 산길을 천천히 올라갔다. 목조 주택과 땔감, 농기구가 곳곳에 보인다. 차는 가끔 지나가지만, 걷는 사람은 보이지 않는다. 바람에 묵은 나뭇잎 냄새가 코끝을 스친다.

성당으로 올라가는 과정도 건축의 일부이며 건축가의 의도가 담겨있다. 이 길을 걷자니 몇 년 전 영주 부석사에 가던 날이 떠올랐다. 종교를 대하는 건축가의 마음은 지구 반대편에서도 통하는 것일까? 은행잎이 노랗게 물든 흙길을 걸어 돌계단을 차근차근 밟아 오르며 흐트러진 마음을 가다듬던 가을날이었다. 길이라고 하기엔 다리가 꽤 짧은 누각 아래로 고개를 숙이고 들어갔다가 나오니 갑자기 눈앞에 삐두름하게 선 무량수전이 벅차게 들어왔다. 자신을 낮추고 들어오라는 건축가의 의도이며, 자연 지형과 건축물의 배치를 이용한 멋진 연출이다.

롱샹 성당에서도 부석사와 같은 감동을 받았다. 언덕길을 이십 분쯤 걸어가니 이정표와 함께 주차장이 나타난다. 고개를 돌리니 오른편 언덕 위에 롱샹 성당 꼭대기가 보인다. 철조망이 닫혀 있어 잠시 놀랐지만, 안쪽에 있던 관광객이 손짓으로 왼쪽으로 돌면 입구가 나온다고 알려주었다. 매표소는 나중에 세워진 것이니, 이 성당이 갓 지어졌을 때 방문한 신자들은 언덕 위의 독특한 갈색 지붕을 발견하고 곧장 언덕을 걸어올라 성당을 만났을 것이다.

부석사와 매표소 건물(렌조 피아노)

기다란 매표소 건물 위로는 자연스레 초목이 덮여 지붕을 형성하고 있다. 반지의 제왕에 나오는 호빗의 집 같은 구조다. 물론 디자인은 훨씬 세련됐다. 전면부는 철골조로, 땅에 묻혀 있는 부분은 콘크리트로 만들어져 있다. 디자인이 심상치 않다 생각하던 차에, 안내데스크에 있던 직원이 건축가 렌조 피아노가 설계한 작품이라고 알려주었다. 입구를 통과해 아래를 내려다보니 조경으로 가려져 건축물이 보이지도 않는다. 거장에 대한 존경과 존중을 담아 존재감을 전혀 드러내지 않은 채 대지에 스며든 모습이다.

렌조 피아노의 건물은 그렇다. 교환학생 시절 시카고 미술관 연간 회원권을 끊었는데, 쉬는 날 전시실에 멍하니 앉아 있는 걸 좋아했기 때문이다. 이곳의 증축된 부분 Modern Wing at Art Institute Chicago을 렌조 피아노가 설계했는데, 증축부는 전면에서 보았을 때 전혀 눈에 띄지 않는 곳이다. 옆으로 돌아서면 그제야 거대한 백색의 철골조 구조물이 보인다. 중정 한가운데에는 둥글게 조성한 콘크리트 정원에 시카고에서 자라는 자생초들을 자연스럽게 심었다. 마치 건물이 그 지역 그 자리에서 양분을 먹고 자라난 듯하다. 롱샹 성당에도, 시카고 미술관에도 스며드는 건축을 했던 건축가가 파리 시내에서는 온통 고전적인 건물들 사이에서 금속으로 번쩍번쩍한 기계설비와 구조를 그대로 노출한 퐁피두 센터를 디자인했다는 것은 아이러니하면서도(물론 여의도의 더 현대 서울을 설계한 리차드 로저스와 협업한 결과물이기도 하겠지만), 한편으로는 일관성이 있다. 렌조 피아노는 자신의 작품을 눈에 띄게 만들고자 하는 에고를 내세우기보다 환경과 지역의 특성과 쓸모에 꼭 맞춰 디자인한다.

땅이라는 것은 움직이지 않고 늘 제자리에 있기 때문에, 시간이 흐르면 같은 대지 위에 맞닿은 건축물을 지으면서 건축가끼리 세월을 초월하여 소통하

퐁피두 센터와 시카고 미술관 서쪽 증축부

는 모습을 보게 된다. 이때 건축가들은 서로를 존중하거나, 본인을 내세우기 위해 나서거나, 협업하거나, 또는 상대를 존경하는 마음으로 존재감을 최소화한다. 도시는 이 소통의 연속된 과정 속에 생성되는 작품이다. 건축법은 소통의 방법을 제안하고, 넘어서는 안 되는 선과 규모 등의 규칙을 정한다. 도시를 보면 그 지역의 공무원과 건축가들이 건축가들끼리의 관계, 도시 시민들과의 관계를 어떻게 생각하고 큰 그림을 그렸는지 알 수 있다.

이러한 시선으로 여러 국가와 도시를 여행하면 도시에서도 도시민들의 감성과 국민성을 엿보게 된다. 대만의 수도 타이베이의 주거지역 건축물은 하나같이 겉은 낡았는데 내부 인테리어는 아기자기하고 세련됐다. 시장과 거리에서 만난 사람들은 다들 털털하고 친절하고 성별과 나이에 상관없이 공중도덕을 잘 지킨다. 서울은 또 어떤가. 건물은 애써 다른 색과 재료로 감싸려 한 노력이 보이지만 결국 비슷한 인테리어와 비슷한 구조다. 오죽하면 길에서 걸핏하면 방향을 잃는 나조차 건물에 들어가기만 하면 엘리베이터와 화장실을 척척 찾아낼 정도다. 사람들은 각자 개성을 가지려 노력하지만 결국은 사회가 정한 틀 안에서 움직이고 있다. 시카고에서 10개월을 보내고 귀국한 직후, 길에 지나가는 사람들 중 절반이 비슷한 디자인의 점프슈트(당시 유행이었던 모양이다)를 입고 있는 것을 보고 기괴한 느낌이 들었던 기억이 선연하다. 하지만 몇 년 새 사람들이 입는 옷도, 생각도, 건축이나 인테리어 디자인도 이전보다 훨씬 다양해졌음을 느낀다. 다양한 사람들의 다양한 생각과 그 생각을 받아들이는 사회가 삶을 풍요롭게 만든다.

언덕을 올라갈수록 롱샹 성당이 점점 가까이 다가온다. 좌우로는 각각 자그마한 사제관과 순례자 숙소가 보인다. 성당을 눈앞에 두니 가슴이 벅차오른다. 흰 곡면의 벽 위에 달팽이의 껍질을 닮은 색깔의 지붕을 얹었다. 건축과 수업 때 수없이 봤던 사진이 실제 건물이 되어 내 눈 앞에 펼쳐져 있다. 평면인 사진으로 보는 건축물과 실제로 만나는 건축물의 감각의 깊이는 다를 수밖에 없다. 이렇듯 전설적인 건축물을 만나게 되면 절로 오감이 열리고 모든 순간을 더듬어 새기듯 살핀다.

성당 입구는 원색의 기묘한 스케치가 그려진 문이다. 건축가이자 화가이며 조각가인 르 코르뷔지에가 직접 이 스케치를 그렸다. 거대한 문은 가운데를 축으로 돌고, 문의 앞뒤는 각 8개, 총 16개의 철판에 제각기 다른 스케치가

롱샹 성당

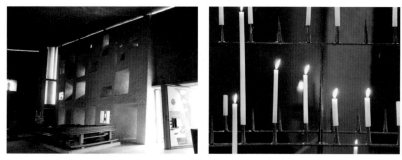
두꺼운 벽에 난 네모난 창으로 들어오는 빛과 촛대들은 마치 별빛 같다.

그려져 있다. 비스듬히 열린 문을 통해 성당 안으로 발을 들였다. 아래로 불룩한 고동빛 천장이 기울어져 있고 천장과 벽 사이로 빛이 스며 들어온다. 겉에서 보기에는 묵직했던 벽과 천장이 실내에서 답답한 느낌이 들지 않는 것은 바로 벽 꼭대기의 창 덕분이다. 중력을 거스르는 듯한 디자인 덕분에 거대한 배가 물에 떠 있는 모습을 수면 아래서 보는 듯한 느낌을 받는다. 기술의 발전으로 형태가 구조에서 해방된 현대건축의 묘미다.

두꺼운 벽에는 크고 작은 네모난 창이 나 있어 별처럼 작은 빛을 들이기도 하고, 창에 그려진 그림의 색깔을 더 밝게 보여주기도 한다. 두꺼운 벽에 사선으로 창을 뚫어 각도마다 창이 다르게 보이는 효과도 있다. 창은 일반적으로 성당에서 볼 법한 화려한 스테인드글라스가 아니라 건축가의 스케치가 들어가 있다. 투박하면서도 독특하다.

햇빛을 제외한 빛이라고는 제단마다 켜 놓은 초가 전부인데, 인공적인 조명 하나 없는데도 성당 안은 어둡다는 느낌이 들지 않는다. 성당 안을 고루 비추는 이 초를 지탱하는 촛대도 건축가의 디자인으로 만들어진 작품이다. 심플하고 가느다란 선이 건축가 자신을 닮았다. 작품은 결국 예술가 스스로를 투영하여 만들기 때문에 지문과도 같아서, 때로는 작가를 알지 못한 상태로 작품을 보아도 누가 만들었는지 알 수 있다.

건축가가 그린 입구의 스케치와 성당 뒤, 건축학도의 스케치는 얼마나 닮았을까?

성당 안에는 네 곳의 고해소와 세 곳의 기도실이 있다. 기도실은 작은 방이 아니라 둥글고 높은 공간으로, 위에서부터 해가 비스듬히 들어온다. 울퉁불퉁하게 뿌려 굳힌 흰 벽이 제 그림자를 알알이 드리운다. 빛은 아래로 떨어질수록 가늘어져 아래 제단에 있는 초가 유난히 더 밝아 보인다. 제단은 부피감이 묵직한 석재다. 손에 스치는 감촉이 매끄러우면서도 차갑다.

한동안 성당 안을 이리저리 걸어보고 앉아보다가 밖으로 나왔다. 성당 안에서 계단으로 연결된 제단이 밖까지 이어져 있다. 둥근 지붕이 벽보다 더 돌출되어 있는 야외 제단은 비를 피할 수 있게 되어 있다. 날씨가 좋은 주말에는 야외에서 미사를 집전한다고 한다. 성당 안에 있는 성모상은 야외 미사를 대비해 바깥쪽으로 회전할 수 있는 장치가 있다. 이런 작은 재치에서 건축가의 즐거움을 엿본다. 제단 앞 잔디밭에는 고속열차를 타고 지나가면서 봐도 건축학도일 사람 두 명이 앉아 스케치를 하고 있다.

성당 옆에는 건설 당시 인부 숙소로 쓰던 건물이 남아 있다. 비례에 맞춰 면을 나누고, 원색의 페인트로 포인트를 준 콘크리트 건축물이다. 현재는 순례자 숙소로 쓰고 있다고 한다. 이 뒤에 나올 라 뚜레트 수도원과 비슷한 느낌의 숙소와 화장실을 볼 수 있다. 손잡이나 벽과 문은 디자인과 색상이 비슷하지만, 개인의 명상과 사색을 위한 좁고 긴 방이었던 수도원과는 달리 이곳은 벙커 베드가 줄지어 놓여 있다. 바닥에 깔린 알록달록하고 작은 타일이 건축가의 색깔을 보여준다.

적도 너머의 사람을 지구 반대편에서 만나기

순례자 숙소를 나와 다시 성당 앞에 섰다. 기념사진을 찍고 싶은데 긴 삼각대를 가져간 것이 아니라 놓을 데가 마땅하지가 않았다. 지나가던 노부부에게 사진을 부탁하자 정말 '인증사진'을 찍어주었다. 나를 최대한 담으려고 노력한 나머지 수평마저 비뚤어져 있다. 사실 이런 사진도 좋아한다. 낯선 사람의 부탁임에도 최선을 다해 사진을 찍어준 정성이 어려 있어, 여행을 다녀온 이후 사진을 다시 살펴볼 때 그 사람이 생각나는 까닭이다.

예상대로 이 부부도 건축과 관련된 사람들이었다. 남편은 호주 출신의 건축가로, 작년을 마지막으로 20년이 넘는 건축가 활동을 은퇴하고 부인과 함께 유럽 여행을 하고 있다고 했다. 학생 때부터 사진으로만 보던 건축물을 직접 보니 감회가 남다르다며 웃는다. 이 둘과 함께 성당 앞 피라미드 돌탑 위에 앉아 두런두런 이야기를 나누며 쉬었다. 서로 다른 각도로 성당을 보며 앉아 있는 뒷모습이 너무 귀여워 사진을 찍고 보내드렸더니 굉장히 마음에 들어 했다. 해가 구름 사이로 들었다 났다 하며 간간히 감질나게 빛을 쪼인다. 블루투스로 카메라를 연결해서 미니 삼각대에 세워둔 후, 성당 앞 잔디밭으로 내려가 만세를 하고 기념사진을 찍으니 부부가 뒤에서 귀엽다며 웃는다. 서로 귀여워하니 인연인가 보다. 인스타그램으로 친구를 맺고 작별 인사를 나눴다.

다시 이곳을 찾을 날이 올까. 성당에 들어가 한참을 앉아 있다가 나왔다. 성당 앞에는 세 개의 종이 걸려 있는 종탑이 있다. 가장 작은 종에 양각으로 손

나와 서로를 귀여워하던 노부부와 르 코르뷔지에가 어머니를 생각하며 그린 스케치

바닥 모양을 한 건축가의 스케치가 들어가 있다. 옛 건축에 남아있는 그들의 흔적을 보고 있노라면 건축가의 업역에 대해 고민하게 된다. 어디까지 디자인을 할 영역인가. 어떻게 하면 오래 남는, 의미가 있는 디자인을 할 수 있을 것인가. 내가 작업한 건축물은 나보다 오래 살아남을 수 있을까?

성당만 보면서 올라왔을 때는 전혀 눈에 띄지 않았는데, 입구에서 왼쪽으로 틀면 다시 잔디 사이로 길이 나 있고 새로 지은 수녀원 건물이 숨어 있다. 입구 건물을 디자인한 건축가 렌조 피아노의 작품이다. 요새 특히나 조경이 점점 건축에서 중요한 영역을 차지하고 있는데, 이 건축물은 독보적이다. 건물 절반이 땅에 파묻혀 있고 지붕이 초목으로 가득 차 있다. 이 때문에 들어오는 길에 전혀 보이지 않았던 것이다. 기존의 건축물과 땅을 해치지 않는 선에서 새로운 건축을 끼워 넣으려는 배려가 돋보인다.

매끈한 노출 콘크리트로 마감된 통유리 건물을 따라 걸으면 맨 끝에 기도 공간이 나타난다. 묵직한 콘크리트를 둥글게 타설해서 지붕을 만든 것이 롱샹의 디자인을 연상시킨다. 롱샹이 아래로 볼록했다면 이곳은 위로 오목하다. 부드러운 간접조명이 햇빛과 함께 공간을 감싸고 있다. 신자석 양쪽으로 기다란 콘크리트 벽이 비스듬한 각도로 서 있고 사이사이에 성물이나 조명이 자리하고 있다. 제단 위로는 천창이 설치되어 있어 해가 잘 드는 날이면 별다른 인공조명 없이도 미사를 올릴 수 있다. 가구를 만든 디자이너의 이름도 안내하고 있는 것이 인상적이었다. 유리와 철, 콘크리트가 만나는 디테일을 살펴보는 재미가 있는 건물이다.

아쉬움을 발걸음에 가득 담아 마지막으로 성당을 한 바퀴 둘러보았다. 멀리서 소라 모양의 지붕이 콘크리트 담장 위로 빼꼼 나와 작별 인사를 건네는 듯하다. 나도 이곳을 다시 찾을 때면 은퇴한 건축가와 비슷한 나이가 되려나. 다시 만날 날이 오기는 할까. 늘 작별이 아쉽다.

수녀원 건물(렌조 피아노)

롱샹 성당(지명을 따서 널리 불리는 이름은 Ronchamp Church, 정식 명칭은 Chapelle Notre-Dame du Haut, Our Lady of the Heights) : 천주교 순례자 예배당, 프랑스계 스위스인 건축가 르 코르뷔지에가 1953년에 디자인하기 시작해 1955년에 완공된 모던 양식의 성당이다.

입장 시간 : 10:00~17:00 (종료 30분 전까지 입장 가능)

휴무일 : 월요일, 1월 1일

입장료 : €8

찾아가는 길

① **스위스 바젤** — 20분 / TGV → **뮐루즈 역** — 30분 → **벨포트 역**
Basel SBB ... Gare de Mulhouse ... Belfort

— 20분 → **롱샹 역** — 30분, 1.8km / 도보 → **롱샹 성당**
Ronchamp ... Notre Dame du Haut in Ronchamp

② **파리 몽파르나스역** — 4시간 → **뤼흐 역**
Montparnasse ... Lure

— 30분 대기 / 10분 소요 → **롱샹 역** — 30분, 1.8km / 도보 → **롱샹 성당**
Ronchamp ... Notre Dame du Haut in Ronchamp

02

고요와 평화를 품은 수도원

라 뚜레트 수도원
Éveux, France

롱샹 성당을 설계한 르 코르뷔지에의 또 다른 대표작을 만나러 떠났다. 리옹에서 열차를 타고 40분, 내려서도 산길을 40분은 걸어야 나오는 곳이다. 템플스테이처럼 숙박과 식사를 함께 할 수 있는 프로그램이 있어 여행 전 메일로 미리 신청해 놓았다. 문제는 걸어서 꽤 올라가야 하는 거리이기 때문에 캐리어를 들고 가기는 무리라는 점이다. 어쩔 수 없이 리옹 숙소에서 하룻밤 자고 캐리어를 맡긴 후 간단한 짐만 챙겨서 수도원에 가기로 했다.

아침 일찍 출발해 기차를 타고 수도원과 가까운 랑브헤르L'Arbresle 역에 도착했다. 어느 나라든 시골 감성은 다 비슷한지, 우리나라 시골 간이역과 똑 닮았다. 작은 역 앞에는 호텔과 레스토랑을 겸하는 건물 하나만 덩그러니 서 있고, 주변은 편의점도 없는 주택가다. 이정표를 따라 수도원을 향해 걸었다. 야트막한 오르막을 따라 걸으니 옆으로 민들레 꽃밭이 샛노랗게 피어났다가, 담장 너머에 집고양이와 눈이 마주치다가, 초록 잔디밭이 펼쳐진다. 담장 너머로 색색이 칠한 이층집이 드문드문 놓여있다.

수도원으로 가는 길에 유일하게 마주친 가게는 빵집이다. 볕이 좋아 딸기타르트 하나를 사서 가게 밖 벤치에 앉았다. 달콤한 커스터드 크림과 딸기가 입 안에서 뭉그러진다. 타르트를 다 먹고도 잠시 그대로 있었다. 녹음에 햇빛이 부딪쳐 반짝반짝 빛난다.

다시 천천히 걸어 수도원으로 올라갔다. 잔디밭에는 흰색 바탕에 저마다 갈색 점이 내키는 대로 찍혀 있는 소 여러 마리가 게으르게 쉬고 있다. 안녕, 하고 인사해도 잠시 쳐다볼 뿐 다시 평화롭게 눕는다. 고개를 돌려 반대편을 바라보자 아이보리색 벽에 주황색 기와를 얹은 집들이 빼곡하게 보인다. 아래서 볼 때는 그리 빼곡한 줄 몰랐는데 위에서 내려다보니 제법 밀도가 있는 동네다.

파란 하늘 아래 더 반짝이는 딸기 타르트와 풍경

단 한 명을 위한 방

수도원에 다 왔다는 이정표가 보인다. 잔디와 나무 사이로 난 흙길을 오르니 저 멀리 콘크리트로 만든 거대한 덩어리가 보인다. 가까이 다가가니 거친 표면이 두드러진다. 투박하게 만든 네모난 콘크리트 게이트를 지나니 벽을 둥글게 말아 원기둥 모양으로 만든 자그마한 매표소 겸 사무실이 있다. 건축가는 네모, 세모, 동그라미의 순수하고 기하학적인 형태를 황금비로 건축물에 풀어냈다. 작고 네모난 창이 여기저기 뚫려 있다. 두 시간 후에나 사무실이 열린다고 쓰여 있어, 나무 벤치 위에 짐을 베고 잠시 누웠다. 언덕을 오르며 송골송골 맺혔던 땀이 그늘에서 천천히 말라간다.

사무실은 예정보다 한 시간 일찍 열렸다. 친절한 직원 분께 수도원 지도와 열쇠, 안내 사항이 적힌 종이를 받은 후 빨간색 철문을 열고 건물 안에 첫발을 디뎠다. 거친 콘크리트로 만든 계단을 올라 내 방을 찾았다. 세면대와 싱글 침대, 그리고 책상이 있는 길쭉하고 작은 방이다. 옷장은 파티션의 기능을 하여 씻는 공간과 자는 공간을 분리해준다. 기능과 형태에 군더더기가 없다. 책상 옆으로 문이 있어 방에 딸린 나만의 작은 테라스로 나갈 수 있다. 건축물이

매표소 건물에도 황금비를 적용했다.

외부와 만나는 제한된 면을 잘게 쪼개 각각의 방에 볕과 풍경을 공평하게 나눠주었다. 비례는 아름답고 공간 활용은 지극히 실용적이고 합리적이다. 마치 여러 개의 도미노를 나란히 눕혀놓은 듯하다. 주택을 '살기 위한 기계'로 정의한 디자이너답다.

테라스 밖으로는 거대한 나무가 바람에 흔들린다. 잠시 침대에 누워 쉰다는 것이, 그만 깜박 잠들어 버렸다. 눈을 뜬 것은 오후 두 시쯤이었다. 카메라를 들고 방에서 나와 지도도 없이 수도원을 이리저리 누볐다. 세로로 길게 쪼개진 커다란 창에 해가 들어 바닥에 길고 가느다란 무늬가 새겨진다. 도서관 옆 복도에는 르 코르뷔지에 특유의 가로로 긴 창이 있어 바깥의 나무와 잔디를 파노라마로 보여준다. 길쭉한 모양의 빛이 복도로 파고든다. 몬드리안의 그림을 본떠 만들었다는 창은 검은색 테두리에 중간중간 붉고 노란 나무판이 덧대져 있다. 건축가의 손길을 건물 곳곳에서 느껴본다.

거칠게 뿌린 콘크리트 위에 흰 페인트로 마감한 원형 계단을 따라 아래로 내려갔다. 저 멀리 마치 금고처럼 두툼한 금속 벽에 테두리를 둥글려 만든 금속 문이 빼꼼 열려 있다. 조심히 턱을 넘어 들어가니 건물 어디서든 보이던 바깥이 하나도 보이지 않는다. 대신, 벽에 길게 난 홈을 따라 빨간색, 노란색, 초록색으로 빛이 들어온다. 양쪽으로 길게 나무 의자가 놓여 있고, 중간에는 묵직한 콘크리트 덩어리 위에 작은 십자가가 새겨져 있다. 콘크리트 제단 옆으로는 천장에서 세 개의 커다란 둥근 구멍이 제각기 경사를 이루며 뚫려 있다. 구멍에서는 빛이 들어오고 각각 빨간색, 검은색, 흰색으로 칠해져 있다. 어디에도 조용히 하라는 메시지가 적혀 있지 않은데도, 공간에 들어오니 절로 발걸음이 조심스러워진다. 거대하고 적막한 공간을 성스러운 기운이 채우고 있다. 건축가는 이 수도원을 지으며 이런 말을 남겼다.

"나는 인간이 그 무엇보다 필요로 하는 것을 위해 작업했다. 그것은 바로 고요와 평화다."

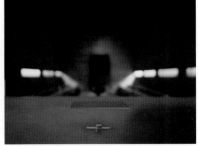

금고 같은 성당의 문을 넘어가면 바깥은 전혀 보이지 않고,
벽에 길게 난 홈을 따라 빨강, 노랑, 초록의 빛이 들어온다.

성당 바로 옆방의 문은 잠겨있었다. 크립트crypt라고 부르는 지하 예배당이다. 리셉션에서 직원이 말했던 것이 생각나, 다시 계단을 올라 열쇠를 빌려왔다. 문을 열자마자 보이는 것은 수도사복이다. 여기서 옷을 갈아입고 성당으로 미사를 집전하러 가는 것이리라. 오른쪽에 보이는 계단으로 내려가니 발아래가 컴컴하다. 빛을 따라 통로로 들어가니 눈앞에 계단식으로 놓인 7개의 제단이 나타났다.

여러 개의 제단이 있다는 것은 수도원의 역사가 오래되었다는 증표 중 하나다. 1962년 제2차 바티칸 공의회에서 공동집전을 허가하기까지 모든 수도사는 매일 일과 중 하나로 각자 홀로 미사를 집전해야 했다. 라 뚜레트 수도원은 1952년부터 계획되어 1959년에 완공되었으니 지어지고 몇 년간은 매일 이 제단에서 홀로 기도하던 수도사들이 있었을 것이다. 각 제단마다 색깔도, 앞에 놓인 십자가에 그려진 그림도 조금씩 다르다. 아무리 작은 소리라도 높이 뚫린 천장 위로 울려 퍼진다. 성당과 같은 천장 아래에 있어 아까 성당 한편에서 보았던 커다란 구멍 세 개가 이곳에서도 보인다. 50년 전에 차가운 콘크리트 제단을 앞에 두고 각자 미사를 집전하던 수도사들의 목소리가 한데 울려 퍼져 성당까지 퍼져나가는 상상을 해본다.

지하로 내려가면 수도사가 홀로 미사를 집전하던 제전과 십자가가 있다.

잠시 크립트에 머물다가 다시 조심스러운 발걸음으로 계단을 오르고 문을 잠그고 나왔다. 아까보다 해가 낮아졌는지 벽과 바닥에 스며든 빛의 모양이 달라져 있다. 열쇠를 반납하고 방으로 돌아왔다. 건물에 나 혼자 있는 듯한 적막함이 감돈다. 밖에 나무 위에서 노니는 새들의 지저귐이 유난히 크게 들린다. 신발을 벗고 침대에 다시 누웠다. 삼십 분도 채 누워있지 않았던 것 같다. 저녁 식사는 일곱 시 반부터이고, 오후 기도가 일곱 시부터 있다고 했다. 기도 시간까지 딱 십오 분이 남아있었다. 서둘러 신발을 꿰어 신고 아래층으로 내려갔다.

겨울철에는 식당 옆 작은 방에서 기도를 하고, 나머지 계절에는 성당에서 한다고 했지만 아직 날이 추워 성당으로 자리를 옮기지 않았다고 한다. 작은 방에 들어가니 한쪽 벽을 채운 창에서 노란색 석양빛이 쏟아지고 있다. 방문객과 수도사들이 차례로 들어와 자리를 채운다. 그리고 일곱 시 정각. 모두가 자리에서 일어나 노래로 기도를 시작한다. 모두 함께 부르다가, 한 수도사가 선창하다가 다시 소리를 모으다가, 잠시 침묵했다가, 다시 같이 기도한다. 단 한마디도 알아들을 수 없지만 오히려 그 때문인지 시간 가는 줄 모르고 다른 사람들의 동작에 맞춰 앉았다 일어나기를 반복했다. 기도는 시작과 마찬가지로 갑자기 끝이 났다. 마지막으로 다 함께 노래를 부르고 수도사들이 차례로 자리를 떠나고 방문객들도 그 뒤를 이었다. 식당 앞 복도에서 화기애애하게 수도사와 방문객들이 이야기를 나누는 사이, 프랑스어를 할 줄 모르는 이방인은 성당과 복도를 오가며 어색하게 식당 문이 열리기만을 기다렸다.

기도하는 공간. 창에서 햇빛이 쏟아져 들어온다.

함께하는 저녁 식사

    단체는 단체끼리 앉고, 개인적으로 수도원에 방문한 사람끼리는 한 테이블에 모여 앉았다. 식사는 프랑스답게 코스로 진행됐다. 봉사자 분이 큰 접시에 음식을 내오면 각자 개인 접시에 덜어서 먹었다. 여행 와서 내내 혼자, 운이 좋으면 둘이서 식사를 했지만, 이렇게 여러 명이서 함께 식사를 하는 것은 처음이었다. 나만 불어를 모르니 어색했다. 대학생으로 보이는 커플, 부부와 다 큰 아들, 혼자 온 분 하나, 그리고 나까지 일곱 명이서 함께 식사를 시작했다. 세 가지 음식이 차례로 나왔다. 전채로 자몽을 먹은 후, 메인으로는 토마토소스를 얹은 모차렐라 라비올리가, 디저트로는 서양배가 올라간 달콤한 파이가 나왔다. 디저트를 기다리는 동안 테이블에 내내 놓여 있던 바게트를 한 조각씩 가져가 끼리 치즈를 발라 먹었다. 식당 창밖으로 해가 진다. 노란빛이던 석양은 어느새 주황색과 보라색으로 물들어 있다. 내내 대화를 나누던 사람들도 잠시 멈추고 창밖을 바라본다. 달콤한 디저트와 너무 쓰지도 달지도 않은 와인이 잘 어우러진다.

작별 인사를 하고 방으로 향했다. 창밖으로 보이는 하늘이 어슴푸레하다. 이 시간쯤 밖으로 나가면 참 예쁠 텐데, 하고 생각을 하다가 깜박 잠들어 버렸다. 고요와 평화 속에 잠이 참 달다. 여행 내내 새 나라의 어린이처럼 일찍 자고 일찍 일어난다. 클럽 체질도 아니거니와, 수도원에서는 물론이고 도시에서도 밤늦게 뭘 할 만한 것을 찾지 못했다. 웬만한 가게들도 8시면 문을 닫는다. 그

자몽과 라비올리, 서양배 파이.

러다 보니 밤 열시도 되기 전에 잠들고 새벽 여섯 시만 되면 눈이 떠지는 생활을 이어가고 있다.

　수도원에서의 아침은 유난히 더 일찍 시작했다. 눈을 뜨니 새벽 5시였다. 지난밤 일찍 잠들어버려 야경을 못 본 것이 아쉬워 잠옷 위에 겉옷만 하나 겹쳐 입고 카메라를 들고 밖으로 나왔다. 아직 동도 트기 전이라 사방이 어둡다. 너무 어두운 나머지 센서 등에 눈이 부시다. 제대로 된 사진 한 장 건지지 못하고 방으로 돌아왔다. 테라스로 나가 하늘을 보니 아까 보지 못했던 별들이 선명히 보인다. 카메라를 자동모드로 두고 찍은 사진도 모니터로 별을 셀 수 있을 정도다. 다시 잠드는 것을 포기하고 찾은 샤워실과 화장실은 침실과 마찬가지로 성별에 따라 공간을 나누지 않고 온전히 혼자서 쓸 수 있는 공간으로 구획해놓았다. 편안히 샤워를 마치고 식당으로 향했다.

　아침 식사는 자유롭게 가져다가 먹는다. 시리얼과 빵, 우유, 주스, 커피가 준비되어 있다. 빵은 그 전날 먹던 바게트인데, 저녁에는 썰어서 나왔다면 아침에는 알아서 원하는 대로 썰어 먹게 작두가 준비되어 있다. 재치 있는 안내 문구에 나도 모르게 입가에 웃음이 걸렸다. 르 코르뷔지에 풍의 사람 그림에 빵은 썰되 사람 손은 썰지 말라고 쓰여 있다. 이 사람 그림은 '르 모듈러Le Modulor'라는 이름이 있다. 르 코르뷔지에는 인체의 크기를 기준으로 삼아 공간을 설계했고, 공간의 형태로 특정 행동을 유도할 수 있다고 생각했다. 이와 비

사람 안 썰고 잘 썰어다 먹은 빵.

숫한 것을 찾자면 르네상스 시대에 레오나르도 다빈치가 그린 〈비투르비우스적 인간〉 소묘가 있다. 벌거벗은 인간이 팔과 다리를 벌리고 선 모습에 원과 정사각형을 대입한 그림이다. 이 그림도 다빈치가 고대 로마의 건축가 비투르비우스의 〈건축 10서〉를 읽고 그렸다고 전해진다. 천재들의 아이디어는 오랜 시간을 지나고도 살아남아 서로 영향을 주고받고 현대의 우리에게까지 이어져 내려온다.

어제 같이 식사를 했던 테이블로 가 인사를 나누고 앉았다. 식당이 서향인지 일출은 보이지 않는다. 서둘러 식사를 마치고 옆방으로 향했다. 기도가 이미 시작된 이후였다. 수도사들의 노랫소리를 들으며 창밖을 보았다. 어제와는 또 다른 풍경이다. 기도가 끝나고 다시 식당으로 돌아가 차 한 잔으로 아침 식사를 마무리했다. 짐을 꾸려놓고 방 밖으로 나왔다. 퇴실 시간까지는 여유가 있어 이번에는 렌즈를 갈아 끼고 건물의 세부 사진을 찍었다. 어제 보지 못했던 작은 부분들 하나하나가 새롭다. 이 공간이라면 하루가 아니라 일주일도 머물 수 있을 것 같았지만, 예의 바른 관광객은 칼같이 퇴실 시간을 지켜 나왔다. 아침 내음이 나는 공기를 들이마시며 쇠똥 냄새가 나는 잔디밭을 지나 마을로 내려갔다. 올라갈 때는 한참 걸렸던 것 같은데, 내려오는 길은 금방이다. 잠시 기다리니 열차가 들어왔다. 리옹으로 돌아갈 시간이다.

입장 시간 : 숙박객은 월~토 10:00~17:30 사이 체크인 가능(일요일 체크인 불가). 가이드 투어는 일요일에만 가능. (최대 인원 15명, 1시간 반 소요, 이메일로 예약 필수)

숙박, 가이드 투어 예약 : accueil@couventdelatourette.fr

휴무일 : 8월, 크리스마스 연휴

입장료 : 1박 €54(석식, 숙박, 조식 포함, 1인 1실), 가이드 투어 €8

찾아가는 길

리옹 생 폴 역 Gare de Lyon-St-Paul	40분 TER	랑 브헤르 역 Gare de l'Arbresle	35분 도보	라 뚜레트 수도원 Couvent de La Tourette

ep#1

건축의 5원칙을
하나씩 찾는 재미

여행자들에게 유럽에서 꼭 봐야 할 건축가를 묻는다면 대부분 스페인의 가우디를 말하겠지만, 건축 전공자들에게 묻는다면 대부분 르 코르뷔지에를 꼽을 것이다. 학창 시절 근대건축과 도시에 대해 말할 때마다 빠짐없이 등장하는 거장이기 때문이다. 빌라 사보아는 롱샹 성당, 라 뚜레트 수도원과 더불어 르 코르뷔지에의 대표작 중 하나이다. 셋 다 대도시 안에 있지는 않지만 하루 정도 시간을 내어 기차로 오갈 수 있는 거리에 있고, 관광을 위한 프로그램이 잘 꾸려져 있다. 빌라 사보아는 셋 중에 접근성이 제일 좋다. 라 뚜레트 수도원은 리옹에서 왕복 3시간 거리에 있지만 산을 올라야 하고, 롱샹 성당은 파리에서 왕복 9시간 거리에 있는데 비해, 빌라 사보아는 파리 근교에 있어서 오전 중으로 관람하고 파리로 돌아가 점심 식사를 할 수 있을 정도다.

현대건축의 교과서, 빌라 사보아

빌라 사보아는 르 코르뷔지에의 현대건축 5원칙을 적용한 대표적인 건축물이다. 파리에서 기차를 타고 30분 내에 도착하는 포아씨Poissy 역 근방에 위치해 있다. 도착한 곳은 롱샹보다는 조금 더 큰 규모의 마을이다. 작은 건물들 사이를 지나 20분쯤 걸어가니 이정표가 보인다. 르 코르뷔지에의 건물들은 이정표에 건축가의 이름이 같이 들어가 있다. 건축가 개인이 브랜드가 된 흔치 않은 사례다.

도착한 것은 개관 10분 전이었다. 대문으로 들어가자 빌라 사보아와 닮은 연한 푸른색의 작은 건물이 서 있었다. 마치 작품의 목업mock-up 모형 같다. 빌

르 코르뷔지에의 이름이 함께 들어간 표지판

라 사보아와 자매 격으로 함께 지어진 이 건물은 정원사의 숙소였다고 한다.

　나무 사이로 난 길을 따라가자 장식 없이 흰 벽과 그 사이로 난 기다란 창이 시야에 들어온다. 관람객이 없는 흰색의 건물을 렌즈에 담았다. 르 코르뷔지에가 제창한 현대건축의 5원칙은 필로티, 옥상정원, 자유로운 입면, 자유로운 평면, 그리고 가로로 긴 창이다. 흰색의 콘크리트 사이로 난 기다란 창과 그 아래로 조성된 필로티에 제일 먼저 눈이 간다.

　곧 문이 열려 표를 끊고 입장했다. 집에 들어오자마자 손을 씻을 수 있도록 중앙 홀에 기둥 뒤로 작은 세면대 하나가 달려 있다. 기둥 앞으로는 원형 계단이, 옆으로는 경사로가 자리하고 있다. 일단 경사로를 따라 위층으로 올라갔다. 실제 공간에 있는데도 컴퓨터로 만든 입체 모형을 보는 듯한 기분이 든다. 군더더기 없이 직선으로 뻗은 선들이 공간을 이루고 있고 해가 창을 따라 네모

르 코르뷔지에가 제창한 현대건축의 5원칙

필로티	옥상정원
자유로운 입면	자유로운 평면
가로로 긴 창	

나게 비춘다. 복도는 폭이 조금 좁은 듯하지만 다니는 데는 크게 무리는 없다. 벽 전체를 메운 통유리 창 너머로 옥상정원이 모습을 드러낸다.

2층에서 밖으로 향한 창은 가로로 길고, 안을 향한 창은 벽 전체가 통유리로 되어 있다. 외부 공간인 중정을 감싸고 있는 벽도 밖을 향한 창과 같이 가로로 긴 구멍이 나 있다. 중정으로 나가 경사로를 따라 한층 더 올라갔다. 옥탑에도 화단이 조성되어 있고, 앉아서 쉬라는 듯 벽에 난 구멍 아래로 구조물이 길

2층 방에서 내다본 옥상정원

욕조 옆에는 빌라 사보아 건설 당시의 영상이 재생되고 있다.

게 튀어나와 있다. 이런 작은 디테일에 감탄할 수밖에 없다. 나무와 하늘이 네모난 틈을 반씩 나누어 가졌다.

다시 집으로 들어가 내부를 세세히 살펴봤다. 침실 옆으로는 욕조가 있는데, 샤워 커튼 안쪽으로는 꼭 한 사람이 누워서 쉴 수 있게 폭넓게 붙인 타일이 파도치고 있다. 인체 비례를 고민해 집을 지은 건축가의 재치가 반영된 부분이다. 욕실 옆 공간에서는 빌라 사보아 건설 당시의 모습을 담은 영상이 상영되고 있었다.

시간이 갈수록 건물은 사람으로 붐비기 시작했다. 시커먼 옷으로 무장한 걸 보니 분명 건축과 학생들의 무리와 건축가가 직업일 사람들이다. 고개를 내미는 공간마다 묵직한 카메라를 든 사람들이 서 있어 잠시 피했다가 지나간다. 서로를 눈빛을 주고받으며 사진에 사람이 나오지 않도록 배려하는 모습에 마음이 따뜻해진다. 밖으로 나와 하얗게 칠한 콘크리트로 만든 벤치에 앉아 건물을 가만히 바라보았다. 창 안에 학생들이 가득이다. 설레는 눈빛들이다. 건물에 작별 인사를 고하고 나왔다. 왔던 길과 다른 길을 택해 역으로 가다가 익숙한 얼굴과 안경의 동상을 발견했다. 르 코르뷔지에가 다리를 엑스자로 가로지르며 의자에 편히 앉아 있다.

르 코르뷔지에의 조각상

입장 시간 : 10:00~17:00

온라인 예약 필수 : https://ticket.monuments-nationaux.fr/

휴무일 : 일요일

입장료 : €8

찾아가는 길

파리 생 라자르 역 → 20분 J → **포아씨 역** → 30분 도보 → **빌라 사보아**
Paris Saint Lazare   Poissy   Villa Savoye

세기의 토론 : 가로로 긴 창과 세로로 긴 창

파노라마로 풍경을 보여주는 가로로 긴 창이 우리에게는 익숙하지만, 등장 초기부터 그랬던 것은 아니다. 철근콘크리트 기술 발달 이전에 사람들에게 익숙했던 창문의 모습은 세로로 긴 창이다. 돌을 깎아 만든 건물이나 벽돌로 지은 건물은 구조에 의해 형태가 결정된다. 이 재료가 지붕을 받치기 위해서는 세로 방향의 구조재가 촘촘한 간격으로 서 있어야만 한다. 반면에 철근을 안에 넣어 강화한 콘크리트는 기존의 건축 재료보다 적은 면적으로 큰 힘을 지탱할 수 있었다. 바닥 혹은 천장을 받치기 위해서는 널찍한 간격을 두고 기둥을 세우면 됐다. 가로로 긴 창은 철근콘크리트 건축 기술의 발전을 보여주는 가장 대표적인 결과물이다. 비로소 건축물의 형태가 구조에서 분리된 것이다. 1920년도에는 가로로 긴 창과 세로로 긴 창에 대해 건축가들끼리 잡지 기고를 통해 토론을 벌이기도 했는데, 한때 건설회사 선후배 관계였던 오귀스트 페레와 르 코르뷔지에가 이 토론의 주인공이다. 페레는 세로로 긴 창이 프랑스의 전통이고 가로로 긴 창은 어색하다며, "기능은 형태를 필요로 하지만 형태가 그 기능을 대체해서는 안 된다"라고 비판하여 선제공격을 날렸다. 공격을 받은 르 코르뷔지에는 가로로 긴 창이 같은 면적의 세로 창보다 빛을 훨씬 많이 받아들여 실용적이라고 반박했다. 그 말에 페레는 창은 인간 그 자체

이기 때문에 가로로 긴 창은 창이 아니라고 받아쳤다. 세로 창은 인간에게 그의 실루엣과 일치하는 프레임을 제공한다는 것이다. 이에 르 코르뷔지에는 모더니즘과 순수주의를 들어 긴 창은 파노라마 뷰를 제공하여 풍경을 있는 그대로 묘사할 수 있다고 주장했다. 시공 기술이 발전하여 건축의 패러다임이 바뀌면서 발생한 재미있는 사건이다.

건축가가 가족을 위해 설계한 집, 빌라 르 락

빌라 르 락의 필로티

가로로 긴 창이 있는 주택을 하나 더 소개하려고 한다. 스위스의 작은 마을 브베에서 우연히 르 코르뷔지에를 만났다. 첫인상은 '설마 이 건물인가'였다. 너무나도 평범한 집. 일부는 콘크리트로, 일부는 금속으로 외관을 덮어 놓앉다. 과연 들어가는 것이 어떤 의미가 있을까 고민하다가 그래도 한참을 걸어온 것을 생각해서 들어갔다. 그리고 마당에 발을 디디고 고개를 돌리는 순간 이곳에 오기까지의 모든 수고로움이 잊혔다.

줄을 맞춰 초록 잔디가 네모나게 심어져 있고 그 테두리로 흰 자갈이 깔려 있다. 한쪽에는 마치 액자처럼 벽에 살짝 아치형으로 경사를 준 창이 뚫려 있고, 그 앞에 금속으로 만든 테이블과 의자가 놓여 있다. 의자에 앉으면 알프스산맥이 호수 건너로 아스라이 보이는데, 푸른 하늘에 물들어 호수도 산도 파르스름하게 빛난다. 물이 바위에 부딪치는 소리가 들린다. 창이 뚫린 벽 옆으로는 바위로 방둑을 쌓아 걸터앉을 수 있다. 방둑 위에 앉아 한참 바다 같은 호수

마당의 창 밖 풍경

를 바라보았다. 그저 앉아있는 것만으로도 내면이 평온으로 가득 차는 집이다.

사전 지식 하나 없이 찾아온 이곳은 알고 보니 건축가가 자신의 부모를 위해 지은 집이었다. 정작 아버지는 이 집에서 1년밖에 살지 못했지만 어머니는 100세가 될 때까지 이 집에 거주했고, 후엔 남동생이 들어와서 더 오래 살았다. 가족들이 모두 세상을 떠나고 재단의 소유가 되자 이 집을 전시관 겸 미술

관으로 쓰게 되었다. 방문한 시점에는 시각예술가인 플로랑스 코네프로이 작가의 '색깔과 서신들'[1]라는 이름의 전시를 진행하고 있었다. 르 코르뷔지에의 건물에 있는 색깔을 따내서 그 색깔의 이미지와 건축가가 그의 가족과 주고받은 편지를 연결시켜 나란히 보여주는 전시다. 독특한 점은 이 전시가 단순히 액자 안에서 끝나지 않고, 타일 회사와 연계하여 그 색상을 이용한 타일을 제작했다는 점이다. 건축가가 만든 작품이 예술이 되고, 다시 건축 자재가 되는 순환이다. 전시 옆에는 한 시계 회사가 건축가와 작품의 이미지를 본따 디자인한 시계도 전시돼 있었다. 한 위대한 건축가는 사망 후에도 예술과 산업 영역에 영향을 끼치며 지금까지도 새로운 가치를 창조해내고 있다.

거실에 놓인 책자를 보니 이전에는 세계 여러 건축가들이 이 집을 소재로 새로운 프로젝트를 고안해내는 전시가 있었던 모양이다. 강남역의 교보타워를 설계한 마리오 보타, 동대문 디자인 플라자를 설계한 자하 하디드 등 유수의 건축가들이 이 집에 선착장을 달거나 새로운 구조물을 덧씌우기도 하는 계획을 했고, 이를 모아 전시한 것이다.

풍경으로 완성되는 집

집은 작지만 빌라 사보아에서도 보았던 건축의 5원칙이 충실히 지켜지고 있었다. 마당에 면한 1층의 일부를 비우고 기둥을 세워 필로티를 만들고, 기둥이 외피에서 분리되어 자유로운 파사드(입면)를 만들고, 칸막이벽을 적절히 활용하여 연속성과 개방성을 가진 자유로운 평면을 만들고, 옥상정원을 만들어 휴식의 공간으로 꾸미고, 거실에서 방에 이르는 기다란 수평 창을 만들어 바깥 경치를 파노라마로 조망할 수 있게 했다. 이 요소 하나하나가 어떻게 보

---

1 Floence Cosnefroy, 《Couleurs&correspondances》, 2019

거실과 옥상

면 평범한 이 집에 생명력을 불어넣어 주고 있었다. 특히나 각종 야생화가 피어난 옥상정원에서 바라본 호수 풍경은 가슴을 괜히 울렁울렁하게 만드는 무언가가 있었다. 기다란 수평 창은 호수와 알프스산맥을 담기에 가장 완벽한 형태였다. 풍경을 들여옴으로써 집이 완성됐다고 해도 과언이 아니다.

생글생글 웃으며 친절하게 응대해주는 직원에게 이 작은 도시에서 르 코르뷔지에의 집을 만나게 될 줄은 몰랐다고 얘기했다. 그러자, 그 직원이 1920년대에도 거장이 이곳에 집을 짓는다는 것이 동네에서 신기한 일이었다고 했다. 막 지어졌을 때의 사진을 보니 근사하게 클래식한 복장을 갖춰 입은 건축가의 부모가 지금 봐도 현대적인 건축물의 필로티에 앉아 있다. 마치 합성이라도 한 듯한 모습이다.

시공 당시에는 정말 허허벌판에 호숫가를 면한 집이었는데, 뒤에 도로가

강아지가 창 밖을 볼 수 있도록 둔 계단

생기면서 북쪽으로 담장을 쌓았다고 한다. 담장에는 창살이 달린 작은 창이 나 있고 그 앞에 계단이 있다. 반려견을 위한 창이다. 세심한 배려 하나하나가 참 인상적이다.

빌라 르 락은 빌라 사보아보다는 5년 이른 1923년에 지어졌으니 어떻게 보면 빌라 사보아의 습작인 셈이다. 위대한 작품은 어느 날 갑자기 나오지 않는다. 차근차근 쌓아 올린 계단을 밟고 올라서 정상에 이르러서야 최고의 작품을 만나는 것이다. 끝없이 이어진 경사로를 따라 작품을 감상하는 파격적인 아이디어로 유명한 뉴욕의 구겐하임 미술관 Solomon R· Guggenheim Museum도, 알고 보면 건축가 프랭크 로이드 라이트가 샌프란시스코의 작은 미술관인 사나두 갤러리 Xanadu Gallery에서 그 아이디어를 실험해 본 바가 있다. 사람들에게 널리 알려진 것은 빌라 사보아와 구겐하임 미술관이지만, 만일 건축가들에게 주어진 기회가 빌라 르 락과 사나두 갤러리까지였다면, 혹은 그 위대한 아이디어를 실험해 볼 기회나 용기가 없었다면, 혹은 그 아이디어를 생각해내지 않았다면, 오늘날까지 남아있는 작품들은 없었을지도 모른다. 이런 생각을 하다 보면 지금 내가 서 있는 이 계단의 정상이 어디까지인지 올라가 보아야겠다는 의무감 같은 게 생긴다. 그리고 곁에 서서 영감을 주고받는 사람들이 발전하는 과정도 자연스레 응원하게 된다.

뉴욕 구겐하임 미술관과 사나두 갤러리

　　스위스 인터라켄에서 몽트뢰로 갈 때 가장 유명한 열차 노선 중 하나인 골든 패스 노선을 골랐다. 이 기차를 타면 아름다운 알프스산맥과 그 아래의 전원 마을 풍경을 감상하며 이동할 수 있다. 차창 밖으로 산과 물과 색색의 지붕들이 빠르게, 때로는 느리게 지나갔다. 액자 속의 풍경은 온통 눈으로 덮인 들판이었다가, 초록색 잔디가 빼곡하게 드러난 들판이 되기도 했다.

　　원래는 전설적인 밴드 퀸의 보컬 프레디 머큐리의 동상을 찾아 몽트뢰에 간 것이었는데, 숙소에 있던 관광안내지도 한쪽 구석에 있던 '르 코르뷔지에'라는 이름을 우연히 발견하고는 찾아가지 않을 수 없었다. 그렇게 발견한 것이 빌라 르 락이었다. 어쩐지 작은 도시인데 숙소에서 도보로 2시간이나 걸리더라니, 내가 본 빌라 르 락은 몽트뢰 지도가 아니라 그 뒷면에 있던 브베의 지도에 있었던 것이다.

알프스산맥이 보이는 레만호 산책길

거실에서 파노라마 뷰로 보이는 알프스산맥

브베는 여행 책자에도 잘 나오지 않는 작은 마을이지만 몽트뢰보다 볼거리가 훨씬 많은, 전형적인 휴양지 스타일의 도시다. 몽트뢰에서는 기차로 두 정류장 거리고, 알프스산맥이 보이는 레만호의 호숫가를 따라 산책 삼아 천천히 걸어도 두 시간이면 도착한다. 날씨가 좋은 날 이 산책을 놓치면 평생을 아쉬워할 만큼 아름답다. 바다처럼 커다란 수면이 넓게 펼쳐져 있다. 반대편에 아스라이 보이는 알프스산맥 덕분에 간신히 호수라는 사실을 되새길 수 있다. 맑은 물은 군데군데 이끼가 끼어 있는 바위에 부딪쳐 부서진다. 온갖 꽃이 화단에 만개해 있고, 버드나무는 한껏 늘어져 있다. 벚꽃은 나무에서 하늘하늘 떨어져 보도를 수놓았다. 그래도 내내 걷기엔 좀 머니 풍경을 즐기며 걸을 수 있는 데까지 걷고 버스를 타는 것을 추천한다. 브베에는 사진 박물관, 음식 박물관 등 여러 가지 테마 박물관이 많으니 몽트뢰에 간 김에 들러볼 만하다.

우연히 만난 빌라 르 락을 또다시 만나게 된 것은 제네바 미술관에서였다. 몽트뢰를 떠나 스위스에서는 마지막으로 들른 도시였다. 규모가 크지 않아 작품을 하나하나 천천히 구경하다가, 낯익은 풍경을 담은 그림을 하나 발견했다. 기시감이 들었던 작품의 이름은 'Le Lac'. 바로 브베에서 발견한 르 코르뷔지에 주택의 이름이다. 마당의 테이블에 앉아 콘크리트 담장에 뚫린 창으로 보이던 알프스산맥의 모습을 그렸다. 온통 푸르스름하게 물들어 있던 하늘, 바다, 그리고 산이 다시 한번 마음에 새겨지는 순간이었다.

제네바 미술관에서 만난 빌라 르 락

건축 전공자들에게만 유명한
바르셀로나의 건축물

상상해 보자. 당신은 인생에 몇 없을 두 달 간의 휴가를 써서 왕복 24시간 넘게 비행기를 타고 유럽에 다녀왔다. 행복하고 즐겁게 여행을 다녀온 후, 당신은 구글 지도로 추억을 되새김질하다가 그대로 굳어버리고 말았다. 곧이어 땅을 치고 울며 아쉬워했다. 어떤 일이 발생한 것일까? 건축가라면 백이면 백, 당연히 들렀어야 할 건축물을 눈앞에서 놓쳐서 보지 못하고 돌아온 경우다. 지금도 이 책을 쓰며 그 순간을 몇 번이고 반복하고 있다. 다행히도, 바르셀로나에서는 구글 지도를 확인하며 다니다가 그 상황을 모면할 수 있었다.

몬주익 성으로 가기 위해 바르셀로나의 스페인 광장에서 한쪽 도로로 상징처럼 세워진 두 개의 탑 사이를 지났다. 거리를 따라 걸으며 구글 지도를 확인하니 낯익은 이름 하나가 눈에 들어왔다. 바로 '바르셀로나 파빌리온'. 독일

바르셀로나 파빌리온

출신의 근대 건축가 미스 반 데어 로에가 설계한 대표작 중에 하나다. 여행 책자에는 나오지도 않는 작은 건물이지만 건축학도라면 누구나 수업 때 배우는 세상에서 가장 유명한 건물 중 하나다. 바르셀로나에 오면서 이 건물을 놓칠 뻔했다니 머리칼이 쭈뼛 솟는 느낌이었다.

바르셀로나 파빌리온은 몬주익 마법의 분수로 올라가는 계단 아래 오른쪽에 자리 잡고 있다. 주변에 나무가 울창해서 모른다면 그냥 지나칠 만한 위치다. 마침 도착한 시간이 오픈 시간 10분 전이라 이리저리 사진을 찍고 있다가 같이 기다리던 두 분과 서로 사진을 찍어주며 대화를 하게 되었다. 나이 차가 많이 나는 자매였는데, 언니는 건축을 전공해서 미국에 살며 디자이너로 일하고 있고 동생은 바르셀로나에 있는 학교에 오게 되어 잠시 휴가를 내고 함께 시내 여행을 하고 있단다.

미스 반 데어 로에의 바르셀로나 체어

전 세계 건축과 수업에 소개하는 작품이 대체로 비슷한지, 우리들에게는 익숙하고 유명하지만 일반 대중들은 잘 모르는 작품이 많다. 바르셀로나 파빌리온도 그중에 하나라 관람객이 죄다 건축과 학생이나 건축계 종사자로 보이는 사람들이다. 입장한 지 얼마 되지 않아 한 학교 학생들로 추정되는 무리가 들어와 '바르셀로나 체어' 앞에서 같이 기념사진을 찍고 신나게 활보하는 걸 보고 잠깐 학창 시절이 생각났다.

바르셀로나 파빌리온과 바르셀로나 체어

건축가 미스 반 데어 로에가 설계한 바르셀로나 파빌리온은 1929년에 바르셀로나에서 열린 만국박람회에서 독일관으로 지어진 건축물이다. 원래는 7개월 동안만 있을 건물이었지만 건축적인 가치를 생각해 영구보존하게 되었다.

바르셀로나 체어는 바르셀로나 파빌리온 내에 스페인의 왕과 여왕을 위해 만들어진 가구다. X자의 독특한 프레임과 군더더기 없는 정방형으로 짜여진 가죽 쿠션이 특징이다. 미스 반 데어 로에가 일리노이 공대(Illinois Institute of Technology) 재직 시절 멘토링한 여성 건축가 플로렌스 놀(Florence Knoll)과의 인연이 이어져, 현재까지도 놀(Knoll) 사에서 독점 생산권을 가지고 있다.

예술작품으로서의 건축물, 바르셀로나 파빌리온

사진으로는 셀 수 없이 많이 본 건물인데 실물로 접하니 그 감흥이 비교할 수 없을 정도다. 반듯하게 떨어지는 선은 물론이거니와 서로 다른 재료가 만나는 부분의 처리와 그 재료끼리의 조화, 각 면의 비례, 기둥의 모양, 그 모든 것이 이 건물을 단순히 하나의 건물이 아니라 예술작품으로 만든다.

2010년에 미국 교환학생으로 1년간 시카고에 있는 일리노이 공대Illinois Institute of Technology에 머물렀다. 미스 반 데어 로에는 1930년대에 이 학교에서 건축과 학과장으로 재직하며 캠퍼스와 일부 건물을 디자인했다. 그중에서도 건축학과 건물인 크라운 홀Crown Hall은 현대건축의 백미로 꼽힌다. 이 학교에서만 들을 수 있는 독특한 과정이 하나 있다. 바로 미스가 만든 시각 훈련Visual Training 수업으로, 일정한 사이즈의 흰 종이판 위에 검은색 종이를 붙이거나 일정한 패턴을 찍거나 각기 다른 재료를 붙이는 등의 방법으로 시각적으로 아름다운 면을 만드는 수업이다. 매주 과제를 벽에 세우고 교수가 '이 선을 오른쪽으로 조금만 옮겨볼래?', '저 재료와 이 재료를 바꿔볼래?' 등의 제안을 하며 더 아름다운 면을 만들어갔다.

일리노이 공대 건축과의 독특한 수업, 시각 훈련

조용히 과제들을 집중해서 바라보고 있는 그 순간은 수업보다는 명상에 가까웠다. 우울했던 날 만든 작품과 기분 좋은 날 만든 작품을 나란히 두고 교수가 각각 슬픈 느낌과 즐거운 느낌이 든다고 한 적도 있었다. 생각지 못했던 부분이 디자인에 영향을 줄 수 있다는 것을 체험한 순간이었다. 이 수업을 공간으로 나타낸 것이 바로 바르셀로나 파빌리온이라고 할 수 있다. 예술작품으로서의 건축이다.

공간은 프레임에 갇힌 미술작품이 아니다. 단순히 시각적인 아름다움을 넘어서 그 공간 안에서 경험하는 온도, 소리, 촉각, 청각이 경험을 더 풍부하게 만들어준다. 금속의 얇은 창문 프레임과 그 사이에 끼워진 투명한 유리로 쏟아져 들어오는 햇빛, 대리석 벽면이 손 끝에 스치는 시원한 온도, 바르셀로나 체어에 앉아 몸이 편안하게 이완되는 감각, 문을 통해 물의 정원으로 나가는 순간 뺨을 스치는 바람, 물 위에 서 있는 조각상 앞에 앉았을 때 느끼는 석재 바닥의 차갑고 매끈한 느낌. 사진으로 봤을 때도 충분히 아름다운 건축물이지만, 그 안에 직접 들어갔을 때의 풍성한 경험은 언제든 배낭 하나 짊어지고 여행길을 떠날 수 있는 원동력이 된다. 한참을 안에서, 밖에서 가만히 앉아 면을, 재료를, 비례를, 그 조합을 들여다보니 시카고에서 수업을 듣던 때로 돌아간 기분이었다.

입장 시간 : 3월-10월 10:00~20:00, 11월-2월 10:00~18:00
휴무일 : 정기휴무 없음. 비정기 휴일 홈페이지 정보 확인
입장료 : €8
찾아가는 길 : 스페인 광장에서 몬주익 공원으로 올라가는 길, 몬주익 마법의 분수 우측.

[옛 사람들이 일상 속에서 만나던 성당]

Quinta da Regaleira ✛ 2019.4.29.

01

자연과 인공의 기묘한 조화

헤갈레이라 별장

Sintra, Portugal

신트라는 리스본에서 당일치기로 가기 좋은 소도시 중 하나다. 19세기에 신성로마제국의 황제 페르디난드 2세가 이곳의 버려진 수도원을 성으로 탈바꿈하며 현재의 신트라의 모습이 만들어지기 시작했다. 그는 고딕, 이집트, 이슬람, 그리고 르네상스적인 요소를 넣어 궁전과 정원을 디자인했는데, 특히 공원과 정원이 유럽 전체의 조경 문화를 발전시킬 정도였다. 이곳에는 페나 국립왕궁, 무어 성, 호카곶, 몬세라트 궁, 켈루스 궁전 등 다양한 볼거리가 있지만 그중 헤갈레이라 별장이 가장 독특하고 아름답다고 해서 찾아가기로 했다.

새벽에 눈을 떠서 침대에서 겨우 일어나 씻고 나왔다. 리스본 시내에 있는 역에서 20분마다 신트라로 가는 열차가 있다. 역 앞 카페에서 소시지와 치즈가 들어있는 빵과 커피를 주문하고는 언젠가는 열차를 타겠지, 하는 생각으로 천천히 먹고 글을 쓰다가 자리에서 일어났다. 리스본 시내 중심가의 로씨오Rossio 역에 도착하니 바로 3분 후에 열차가 출발한다는 안내가 떠 있다. 황급히 에스컬레이터를 올라가 유레일 패스를 보여주고 열차에 올라탔다. 사람들로 가득 찬 열차는 천천히 출발했다. 통로에 서 있는데 옆에 아이를 등에 업은 여성과 남편이 있다. 아이에게 웃긴 표정을 지어 보이다 아이 엄마와 눈이 마주쳤다.

신트라 역에서 사람들이 우르르 내렸다. 흰 타일에 푸른 글씨로 역 이름을 새겨놓았다. 언덕을 오르고 내려 마을을 지나가고 다시 산길을 올라 헤갈레이라 별장에 도착했다. 밖에서는 담장 너머로 석재로 만든 주택 하나만 겨우 보였는데, 티켓과 함께 받아 든 지도에는 꽤 큰 면적의 정원과 부속건물들이 그려져 있다.

전체 땅은 경사져 있어 가장 낮은 곳에 별장 건물과 매표소가 있고 위로는 탑과 정원과 분수대와 유명한 우물이 있다. 자연물과 인공물이 구분되지 않을 정도로 돌을 많이 썼다. 어떤 곳은 거칠게 쌓고, 어떤 곳은 섬세하게 가공했다. 걷다가 돌담에 기대어 앉고, 그늘진 벤치에 잠시 앉아 쉬고, 난간에 기대어 초목을 내려다보았다. 넓은 길 사이로 폭이 좁고 나무뿌리와 바위가 엉켜 있는 좁은 길이 거미줄처럼 엉켜 있다. 매표소에서 받은 지도에는 작은 길도 특징을 살려 세심하게 그려져 있어 길과 지도를 번갈아 보는 재미가 있다.

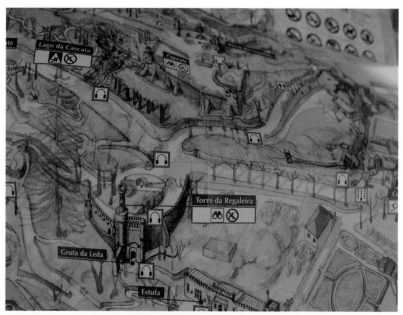

헤길레이라 별장 지도. 큰 길과 건물뿐 아니라 작은 길과 나무까지 자세히 그려져 있다.

지상 공간뿐 아니라 지하 공간도 흥미로운 곳이다. 길가다 보이는 작은 건물로 들어가면 폭이 좁아 간신히 한두 명 지나가는 원형계단이 나타나고, 계단을 따라 내려가면 건물 바깥 전망대나 지하 동굴이나 우물로 이어지는 것이다. 우물을 둘러싼 계단 밖으로 창이 나 있어 그 틈으로 관광객들이 고개를 내밀어 하늘을 쳐다보곤 한다. 습기를 머금은 서늘한 돌벽이 언뜻언뜻 몸을 스친다. 100년도 더 전에 지어진 구조물에서 한남동 리움미술관의 원형계단과 같은 건축적 어휘를 발견했다. 하늘과 이어진 거대한 우물과 같은 공간(로툰

헤길레이라 별장 내외부. 건물에 딸린 작고 좁은 원형 계단으로 내려가면
우물로 이어지고, 둥근 천창을 올려다볼 수 있다.

다)을 둘러싸고 계단을 배치하고, 그 계단에서 둥근 천창을 올려다볼 수 있도록 틈을 세로로 길게 연속으로 뚫어놓은 것이다. 리움 미술관의 건축 키워드가 '자연과 건축의 조화'라는 것은 우연의 일치일까?

사실 자연을 건축의 키워드로 삼는 것은 꽤 흔한 일이다. 건축이 자연을 파괴하는 가장 적극적인 행위라는 아이러니에도 말이다. 건축물을 지으려면 땅에 기초를 내려야 하고, 기초를 내리려면 땅을 파서 헤집고 그 안에 철근과 콘크리트를 뿌리내려야 한다. 자연히 그 자리에 있던 미생물과 동식물은 갈 곳이 없어진다. 심지어 인간은 모여 산다. 건축 행위는 넓은 면적으로 이뤄진다. 그러니 '자연과 건축의 조화'는 지극히 인간 관점에서 건축에 틈을 내어 자연을 용인해주는, 혹은 적극적으로 활용하는 이기적인 행위라고 볼 수도 있다. 현대의 건축가들은 대부분 건축물이 땅을 감싸도록 중정의 형태로 만들거나, 외부도 내부도 아닌 공간을 만들어내거나, 안에서 자연을 감상할 수 있는 커다란 창을 만드는 행위를 자연과 건축의 조화라고 부른다.

이런 면에서 보면 오히려 과거의 건축가들이 자연을 존중하는 형태의 건축 행위를 했다고 볼 수 있다. 한국의 사찰은 지형의 경사를 그대로 이용해서 나무나 돌 등 언제든지 풍화되어 자연으로 돌아갈 수 있는 재료로 건물을 지었다. 산에 사는 딱따구리가 나무로 된 기둥을 쪼아 구멍을 내어 집을 짓는 경우도 있다. 땅을 편평하게 다듬는 행위 정도야 있지만 산을 깎아 만들지는 않는다. 건축재료로 쓰기 위해 커다란 나무를 베어야 했다는 아쉬움은 있지만, 심지어 그마저도 건축물의 쓸모가 다하면 해체하여 다른 건설 현장에서 재활용했으니 철근콘크리트보다야 훨씬 친환경이다. 헤갈레이라 별장 또한 그 자리에 있던 땅의 경사와 나무, 물을 적극적으로 활용하여 건축행위를 했다. 사실 건축행위는 입구의 건물 세 동이 전부고, 나머지는 자연을 정원으로 가꿔놓은 형태다. 우물의 형태는 리움미술관의 로툰다와 비슷하더라도, 건축가가 자연을 대하는 태도와 그 결과물은 오히려 조선시대의 정원인 소쇄원과 닮아 있다.

언덕의 꼭대기까지 다 보고 다시 천천히 내려왔다. 올라갈 때 가지 않았던 길로 가니 새로운 풍경이 자꾸만 보인다. 곳곳에 있는 연못이 초록색 이끼로 덮여 있다. 별장 건물로 가는 길에 스무 명 남짓 들어갈 만한 작은 성당이 하나 있다. 스테인드글라스로 들어온 햇빛이 흰색 벽을 푸르게 물들인다. 별장에도 이런 기도 공간을 만들 정도라니, 이곳 주인의 삶과 종교의 거리는 얼마나 가까웠던 것일까. 하기야 스페인과 포르투갈 지역은 무슬림이 점령했다가 장장 700년이 넘는 종교전쟁을 통해 가톨릭이 되찾은 역사가 있을 만큼, 종교가 곧 삶이고 문화고 신념이고 생활이었던 것이다.

예배당 내외부

대리석으로 섬유 질감까지 표현한 외부. 내부도 화려하고 아름답다.

별장 건물에 마지막으로 들렀다. 외벽이 온통 섬세하게 조각한 대리석으로 덮여 있는데, 특히나 밧줄을 표현한 것이 놀랍다. 밧줄을 이룬 섬유의 질감까지 손에 만져질 듯하다. 내부로 들어가니 색색의 모자이크 타일로 바닥을 장식해 놓았다. 건축 현장의 디자이너로서, 옛 건물도 현대의 건물도 단순히 평면으로 표현할 수 없는 복잡하고 아름다운 조형을 보면 어떤 방식으로 시공자와 소통했기에 이런 결과물이 가능했는지 궁금해지기 마련이다. 이를 일부라도 엿볼 수 있는 것이 도면이다. 벽난로 사방에 있는 1908년도의 스케치를 들여다보았다. 원하는 바를 정확하게 도면으로 표현한 건축가와 그걸 실물로 만들어낸 조각가의 솜씨가 놀라울 따름이다.

방은 타일, 페인트, 나무, 조각으로 벽면을 제각기 장식했다. 천정을 덮은 나무도 현대에서는 재현하기 어려운 기교 넘치는 조각이다. 문손잡이를 감싸고 있는 철물 하나, 벽면에 그려진 그림 하나도 닿은 손길 하나하나가 화려하다. 그곳에서 쓰던 다기조차 아름답다. 테라스에서 초록의 숲을 한동안 바라보다가 별장에서 빠져나왔다.

나오는 길에 고양이 한 마리를 만났다. 평소에 길에서 고양이를 만나기 힘든 유럽인데, 이런 공원마다 건강해 보이는 고양이를 만나는 것은 큰 즐거움 중의 하나다. 사람의 손길도 하도 많이 닿아 귀찮은 듯이 그늘과 해가 적당히 섞인 자리를 찾더니 배를 깔고 누워버린다.

헤갈레이라 별장은 1904년에서 1910년 사이, 포르투갈 왕정의 대항해시대가 저물고 공화국이 수립되는 시점에 헤갈레이라 자작에 의해 신트라의 교외지역에 지어졌다. 이후 '백만장자 몬테이루(Monteiro dos Milhões)'라는 별명을 가진 포르투갈계 브라질인 사업가가 이 아름다운 유산을 사들여 확장했다. 그는 사업가이면서도 프리메이슨이었으며, 법학도이자 곤충학자였고, 엄청난 독서광이었다. 그의 인문학적인 소양이 이 독특한 정원을 찾아내 완성시키는 데 일조했다고 한다. 이탈리아인 건축가 루이지 마니니(Luigi Manini)가 주택을 설계하고 조각가와 석공 장인들이 이 마법과 같은 공간을 완성시켰다.

입장 시간 : 10:00~18:30, 17:30 입장 마감
휴무일 : 1월 1일, 12월 24일, 12월 25일
입장료 : €10
찾아가는 길(리스본 시내)

로씨오 역   Rossio   →40분→   **신트라 역**   Sintra   →20분, 1.3km 도보→   **헤갈레이라 별장**   Quinta da Regaleira

02

유럽 최초의 '브랜드' 마이센

프라우엔 교회
Dresden, Germany

여행을 떠나기 전의 일이다. 단골 카페에 앉아 여행 일정을 다 세우지 못해 스트레스를 받아 머리를 쥐어뜯던 모습을 보다 못한 사장님이 갑자기 고개를 숙이더니 바 테이블 아래에서 무언가를 조심스레 꺼냈다. 그 모습은 마치 허니 버터 칩 전성기 시절 카운터 아래에 과자봉지를 숨겨두던 동네 슈퍼 사장님의 모습과 닮아 있었다. 사장님의 손에 들려 나온 것은 왕관을 쓴 항아리 모양의 찻잔 세트였다. 잔과 받침에는 흰색 바탕에 푸른 안료로 칼 두 개가 교차하는 심벌이 그려져 있었다. 유럽 최초의 브랜드라는 설명에, 독일에서 마주친다면 컵 앤 소서cup and saucer, 잔과 받침 한 세트는 꼭 사리라 마음먹었다.

너무너무 아껴서 깨질까 봐 사장님이 설거지도 따로 한다는 잔을 찾아 독일의 도시마다 매장을 찾았지만 매번 헛수고였다. 그러다 드디어 찾아낸 게 드레스덴이었다. 베를린에서 고속열차를 타고 한 시간 남짓, 200km를 달려 도착한 작은 도시다. 에어비앤비 체크인 시간을 기다리며 근처 브루어리를 찾았다. 내내 흐리고 춥다가 오래간만에 맞이한 따뜻하고 쾌청한 날이었다. 테라스에 앉아 가벼운 느낌의 필스너 한 잔, 진하고 묵직한 레드 비어 한 잔을 비우자 집주인에게서 연락이 왔다.

숙소에 짐을 내려놓고 나와서 독특한 외관의 몰을 지나 시내로 나왔다. 고풍스러운 바로크 양식의 교회 두 곳이 기다린다. 개신교 루터교 교회인 크로이츠 교회와 프라우엔 교회다. 크로이츠 교회는 이 도시의 가장 큰 교회로, 시내를 한눈에 내려다볼 수 있는 종탑이 있다. 심플한 외관만큼이나 내부도 온통 백색으로 차분하고 성스러운 느낌이 가득했다. 기도하는 사람들을 위해 조용히 발걸음을 돌려 나와 프라우엔 교회로 향했다.

크로이츠 교회와 프라우엔 교회

프라우엔 교회에 들어가자마자 보이는 것은 커다란 돔 아래에 자리한 거대한 오르간이다. 이곳의 오르간은 바흐가 연주한 것으로 유명하다. 사실 정확히 말하자면 바흐가 연주한 오르간은 1736년에 설치되어 200년 넘게 바로크 실내악을 완벽에 가깝게 들려주다가 1945년에 완전히 파괴되었다. 나치를 겨냥한 연합군의 폭격에 의해 드레스덴 시내가 처참히 부서진 날이었다.

2005년 새로 제작된 프라우엔 교회의 오르간

현재 있는 오르간은 2005년에 프랑스 낭만주의 사운드로 새로 제작된 것이다. 그래도 현재의 모습에서 과거의 웅장했던 모습을 찾는 것은 어렵지 않다. 지금도 종종 연주가들이 이곳을 찾아 오르간을 연주한다는데, 그 아름다운 소리를 들을 행운은 내게 없었다. 은색의 오르간 파이프를 황금색의 과장

물결치는 테라스와 그림 여덟 점으로 이루어진 석돔

되고 화려한 곡선이 감싸고 있고, 그 주위로 물결치는 테라스가 펼쳐져 있다. 천장을 이루고 있는 거대한 석돔에는 바로크 양식의 그림 여덟 점이 그려져 있는데, 예수의 제자인 마태, 마가, 누가, 요한과 기독교의 미덕인 믿음, 사랑, 희망, 자비를 표현한 것이다.

유럽 최초의 도자기 브랜드

성당을 둘러보고 나오니 바로 앞에 마이센Meissen 매장이 있었다. 반가운 마음이 "오!"하고 나도 모르게 소리로 튀어나왔다. 매장에 들어가니 온갖 화려한 도자기 제품이 가득 차 있다. 마치 프라우엔 교회의 인테리어를 도자기로 옮겨놓은 듯한 광경이다. 직원이 권하는 샴페인을 한 잔 받아 들고 천천히 돌아보았다. 1층에는 잔과 병 등 도자기 제품이 있고, 2층에는 도자기로 만든 작품과 그 위에 그린 그림이 전시되어 있다. 지금도 모든 도자기는 장인의 손길로 하나하나 제작한다고 한다.

마이센이라는 도자기 브랜드는 유럽의 도자기 역사와 궤를 함께한다. 1707년에 드레스덴 인근의 소도시 마이센의 알브레히츠부르크 성에서 유럽

마이센 매장

최초의 도자기가 만들어졌다. 비밀로 하던 도자기 제작 레시피가 퍼져나가자 다른 곳과 차별성을 두기 위해 문양을 새기기 시작했다. 그렇게 검 두 개가 교차하는 모양의 로고가 탄생했다. 1722년에 만들어진 이 로고는 유럽 최초의 브랜드 로고라 할 수 있다. 지금 보아도 전혀 촌스럽지 않은 날렵한 곡선의 로고는 드레스덴을 수도로 삼았던 작센 선제후국의 문양에서 따온 것이다.

한참을 고민하다가 금테를 두른 카푸치노 잔과 테두리에 금색으로 칼 문양을 연속해 그려 넣은 받침을 골랐다. 유럽에 온 이후로 가장 값비싸게 장만한 나를 위한 선물이다. 두 달 가까이 일정이 남아 있다고 직원에게 포장을 꼼꼼하게 해 달라 거의 애원하다시피 부탁했다. 다행히 이 잔은 무사히 서울에 도착했다. 여유로운 주말 아침마다 소중히 꺼내어 커피를 담는다.

금테를 두른 카푸치노 잔과 금색 칼 문양으로 테두리를 감싼 받침

03

선제후가 즐기던 여름별궁

님펜부르크 궁전
München, Germany

님펜부르크 궁전 전경

마이센에서 도자기를 구경하다보니 생각나는 곳은 바로 님펜부르크 궁전이다. 중국에서 시작한 도자기 열풍으로 마이센에서 도자기를 독자적으로 생산해내자 독일 전역에 도자기 공방이 생기고, 다시 유럽 전역으로 퍼지는 것은 당연한 수순이었다. 이곳 님펜부르크 궁전 내에도 공방이 생겼고, 현재까지도 운영되고 있다. 도자기에 대한 독일인들의 자부심은 박물관 기념품숍에서 파는 찻잔의 디자인과 품질에서도 확인할 수 있다. 금강산 관광도 식후경이라고, 일단 아름다운 궁전 정원에서 피크닉부터 즐기고 돌아보기로 했다.

정원에 들어가기 전 편의점에서 준비해야 할 것이 몇 가지 있다. 바로 주머니에 쏙 들어가는 사이즈의 미니 와인과 사과 한 알이다. 이때 배낭에는 미리 사 둔 살라미와 접이식 과도가 들어 있어야 한다. 정원을 거닐다가 경치가 좋은 곳에 있는 벤치 중 먼지가 덜 탄 곳을 고른다. 님펜부르크 궁전 중앙에서부터 정원 끝까지 일자로 곧게 뻗은 대운하가 보이는 곳에 앉았다.

알라딘이 신을 법한 코가 뾰족한 신발처럼 생긴 카누에 중세에서 갓 튀어나온 옷을 갖춰 입은 사공이 올라타 손님을 기다리고 있다. 패딩 조끼 한쪽 주머니에서 로제 와인을 꺼내어 뚜껑을 돌려 땄다. 칼과 살라미를 가방에서 꺼내 몇 조각 저미고, 사과를 옷에 슥슥 닦아 놓으면 피크닉 준비 완료. 날씨와 와인의 마리아주가 기가 막힌다. 바람은 적당히 불고, 해도 구름에 반쯤 가리어져 기분마저 완벽하다. 한참을 앉아 피크닉을 즐겼다.

정원에 앉아 궁전을 바라보며 즐기는 와인과 살라미, 사과 한 알

선제후를 위한 목욕탕

자리를 정리하고 일어나 운하를 따라 초록색 잔디 밭길을 걸었다. 걷다 보니 작은 건물 하나가 눈에 들어왔다. 호기심에 들어가 보니 옛날에 목욕탕으로 쓰던 곳이라고 한다. 그냥 건물이었다면 돌아 나왔을 텐데, 옛날에 쓰던 목욕탕은 어떤 모양일까 궁금해져서 정원에 있는 별채 네 곳을 볼 수 있는 표를 끊었다.

목욕탕 건물의 이름은 바덴부르크Badenburg로, 1722년에 완공된 건물이다.

님펜부르크 궁전의 주인은 신성 로마 제국의 최고위 귀족인 선제후 막시밀리안 2세 에마누엘Maximilian Emanuel로, 그의 탄생을 기념하여 지은 것이다. 멋들어진 1인용 욕조가 있는 방을 상상하며 들어갔는데, 역시나 귀족 중의 귀족답게 스케일이 컸다. 커다란 방 안에 난간이 세워져 있길래 다가가 아래를 내려다보니, 지하 1층 깊이로 판 공간에 목욕탕보다는 수영장이라고 부를만한 크고 깊은 탕이 만들어져 있었다.

1층 난간에서 바라본 목욕탕

　지금으로부터 300년 전에 이곳에서 유유자적 수영하며 여름휴가를 보냈을 귀족을 상상해 본다. 정무로 지친 나날을 보내다가 이곳으로 돌아와 꿀 같이 다디단 시간을 보냈을 것이다. 아침부터 땀이 송골송골 나는 더운 날, 하인들에게 욕조에 따뜻한 물을 가득 채우게 하고 창에서 비치는 햇살이 몸 위로 지나가는 것을 느끼며 느리게 헤엄쳤을 것이다. 천장이고 벽면이고 수증기로 가득 차 이슬이 방울방울 매달릴 때쯤 가운을 입고 난방이 잘 되는 방 안에서 몸을 말렸을 것이다. 얇은 셔츠를 다시 챙겨 입은 후 한결 가벼워진 발걸음으로 요기를 하러 다음 건물로 이동했을 것이다. 그 길을 따라 함께 걸어가 보았다.

바덴부르크에서 나와 산책로를 따라 걸었다. 호수 한편에는 둥근 지붕을 얹은 파고라 하나가 서 있다. 파고라에 잠시 서서 호수를 내려다보았다. 오리가 한가롭게도 물 위를 떠다니고 있다. 다시 발걸음을 옮겨 운하를 건너가니 하얀 건물 하나가 나무 사이로 고개를 내밀었다. 중국식 살롱 건물인 파고덴부르크Pagodenburg다. 멀리서 보기엔 수수해 보였는데 가까이 다가가니 화려한 코린트식 기둥을 장식처럼 벽에 새겨놓았다.

흰색과 파란색이 어우러지는 타일 벽

들어가자마자 보이는 것은 마이센의 백자를 확대해놓은 듯한 풍경이다. 흰 타일 면에 파란 유약으로 온갖 것을 그려 황금색 액자 테두리 안에 넣어두었다. 어떤 타일에는 건축물과 그 주변의 풍경이 담겨 있고, 또 다른 타일에는 중국인과 유럽인이 뒤섞여 있다. 18세기 초, 중국 도자기와 문화에 열광하던 유럽을 고스란히 느낄 수 있었다. 가구도 도자기와 어울리게 흰색과 파란색으로 맞춰놓았다. 2층에는 중국 벽지를 발라놓은 살롱이 기다리고 있다. 이곳에서 달콤한 디저트에 홍차를 마셨을까. 아니면 시원하게 맥주를 한잔 기울였을까.

　다음 건물로 가기 전에 정원을 한 바퀴 둘러보았다. 수로 옆 호숫가에 작은 파고라^{pergola, 퍼걸러 : 서양식 정자}인 아폴로 신전^{Apollo temple}이 있다. 인공적인 구조물에 시간이 더해져 자연에 더 가까워진 풍경이다. 느슨하고 한가로운 분위기가 궁전 전체를 감싼다. 다시 궁전 쪽으로 이동해 찾아간 세 번째 건물은 수렵용 별장으로 지어진 아멜리엔부르크^{Amalienburg}로, 연한 핑크색의 건물이다. 사냥개의 방, 사냥의 방 등의 이름이 각 방마다 붙어 있다. 그중 '거울의 방'은 무도회장으로 쓰이던 곳이라는데, 둥근 방 사방으로 거울이 붙어 있고 로코코 양식의 화려함을 뽐내고 있다. 어쩐 일인지 벽을 장식한 은색 조형물에서는 동물의 형상보다 아기천사와 악기의 모습이 더 많이 보인다. 하프, 바이올린, 드럼으로 풍류를 즐긴 생활상이 조각품으로 고스란히 남아있다.

호수에 고즈넉이 뜬 아폴로 신전과 아멜리엔부르크의 거울의 방

마지막으로 도착한 곳은 화려함과 기괴함 그 사이 어딘가에서 찾을 법한 곳이다. 막달레넨클라우제Magdalenenklause는 기도소 건물이다. 건물 입구에 들어가자마자 바닥에서 벽, 천장에 이르기까지 온갖 조개껍질과 어패류를 붙여 장식한 동굴 예배당이 눈앞에 펼쳐진다. 마치 성당을 바다에 200년가량 담갔다가 꺼낸 듯하다. 바다에 대한 유럽인들의 동경과 집착이 느껴진다. 이 건물은 1725년에 지어지기 시작했는데, 이 시기는 궁전의 주인인 막시밀리안 2세 에마누엘이 사망할 무렵이었다. 결국 그의 아들이자 신성로마제국의 황제인 카를 7세가 이 궁을 완성했다. 아버지를 잃은 쓸쓸함이 이곳에 담겼던 것일까? 건물을 갓 지었을 때도 이랬을까 싶을 정도로 겉도 속도 황량하여 정성껏 꾸민 모습인데도 폐허 같다. 생명의 원천인 바다를 이 작은 교회 안에 가둬 부친의 영혼을 살게 하기 위한, 일종의 사당을 만든 황제를 상상해본다.

조개껍질과 어패류를 붙여 장식한 막달레넨클라우제 기도소

입장 시간 : 4월~10월 15일 9:00~18:00, 10월 16일~3월 10:00~16:00. 폐장 20분 전
　　　까지 입장 가능.

휴무일 : 1월 1일, 참회의 화요일(Shrove Tuesday, 마디그라), 12월 24일, 25일, 31일.
　　　공원 내 소궁전은 10월 16일부터 3월까지 휴무.

입장료 : 님펜부르크 궁전 €8, 공원 내 소궁전 €4.5

찾아가는 길

뮌헨중앙역 서측의 역　　30분　　**님펜부르크 궁전 역**　　10분
　Hackerbrücke　　17번 트램　　Schloss Nymphenburg-München　　도보

님펜부르크 궁전
Schloß Nymphenburg

ep#3

가난한 이들이 묻히던
묘지에서의 아침 산책

밤마다 호스텔에서 사운드 오브 뮤직을 틀어줘서 복도마다 노래를 흥얼거리는 숙박객으로 가득한 곳, 오스트리아 잘츠부르크에서의 마지막 날은 아침 일찍 시작했다. 새벽 공기의 청량한 냄새가 코끝을 타고 번져 폐부에 가득 찬다. 숙소에서 나와 천천히 걸어 시내로 향했다. 레지던스 광장을 거쳐 잘츠부르크 대성당을 지났다. 거대한 황금색 구 위에 남자가 서있다. 처음에는 진짜 사람인 줄 알고 어찌나 놀랐는지. 조각상 뒤로 산등성이 위에 돌로 쌓은 성이 하나 보인다. 호엔잘츠부르크 성이다. 성 위에서 도시를 내려다보면 정말 멋질 것 같은데, 내내 다른 도시를 다니느라 바빠 올라가 보지 못해 마지막 날 일찍 길을 나선 것이다.

잘츠부르크 대상당과 호엔잘츠부르크 성, 그리고 그 앞의 황금색 구

몇 번 길을 잘못 들고 헤매다가 성으로 올라가는 길을 간신히 찾았다. 원래 등산을 좋아하지 않지만 풍경에 대한 궁금증이 체력을 이겼다. 폐에는 시원한 공기가 차는데도 이마와 등허리에선 땀이 흐른다. 끝도 없는 오르막이다. 성 오픈 시간이 되지 않아 그 아래서만 적당히 구경하려고 했는데, 하필 성문이 열려 있었다. 체력은 점점 바닥나고 길은 열려 있어 고민이 되었다. 결국 성문만 지나 도시를 내려다보는 것으로 타협점을 찾았다. 높은 곳에서 내려다본

도시는 마치 영화 속의 한 장면을 연상케 했다. 오래된 도시가 명맥을 유지한 채 새벽의 침묵 속에 잠겨 있다. 마침 성당에서 종이 울리기 시작했다. 새소리와 종소리가 어우러진다. 새벽 산행이 보람을 찾았다.

내리막을 따라 내려오니 비어있던 광장에 천막이 두어 개 펼쳐져 있었다. 보통 일요일에는 마트가 문을 닫고 시장이 열린다. 가지각색의 프레즐을 구경하다가 초코를 덮은 거대한 녀석을 발견하고는 홀린 듯이 하나 집어 들었다. 신난 기분에 달콤함을 한입 베어 무는데 성당 앞에 앉아 구걸하던 여인과 눈이 마주쳤다. 손을 모아 내밀길래 지나치다가 다시 돌아와 프레즐을 반 쪼개 나누었다. 나눈 반만큼 가벼워진 마음을 안고 왔던 길을 되돌아갔다.

가난한 이들을 위한 묘지

돌아가는 길에 빼꼼 열린 문 사이로 초록이 보이길래 들어가 보았다. 가운데에는 예배당이, 그 주위로 초록 잔디와 묘지가, 가장 바깥쪽으로는 회랑이 있는 전형적인 유럽식 묘지이다. 적당히 둘러보다 가려는데 예배당 옆 성당에서인지 종소리가 들려오기 시작했다. 유난히 소리가 예쁘다. 종소리를 배경으로 회랑과 묘지 영상을 찍으며 한 바퀴 돌았다. 끊어질 듯 이어지는 종소리는 10여 분 동안 계속되었다. 새벽이슬이 맺힌 잔디 위로 햇볕이 내리쬐며 길게 선을 그린다. 각양각색의 십자가를 세운 이끼 낀 묘지 위에 기어이 꽃이 피어났다.

이곳의 이름은 성 세바스찬 묘지다. 가장 널리 알려진 것은 잘츠부르크에서 유년시절을 보냈던 모차르트가 종종 오르간 연주 봉사를 하러 왔었고, 그의 아버지와 부인이 묻혔다는 점이다. 하지만 정작 중요한 것은 바로 그 이름에 담겨 있다. 세바스찬은 로마제국 황제의 근위대장이었다. 그리스도교가 박해를 받을 때 믿음을 버리지 않은 죄로 화살로 처형당했으나 죽지 않고 살아났다. 그러나 다시 박해에 대해 황제에게 직언하여 끝내 목숨을 잃어 순교했는데, 죽음의 위기를 극복하고 살아났다는 이유로 환자와 그 가족의 수호성인으로 추대되었다.

다시 묘지 이야기로 돌아와서, 1512년에 완공된 이 묘지에 가장 먼저 묻힌 사람은 연못에 빠진 가난한 남자였다고 한다. 회랑이 생기고 가운데 예배당이 생긴 1595년까지 수많은 가난한 이들이 이곳에서 안식을 찾았다. 이후 여러 차례의 건축으로 묘지가 지금의 모습을 갖추자 부유한 시민들과 귀족들이 묻혔다. 1680년에 오스트리아에서 흑사병이 유행하자 성 세바스찬은 대주교의 명으로 흑사병을 물리쳐주는 성인이 되었다. 코로나가 창궐한 오늘날에도 사람들이 간절한 마음으로 가장 많이 찾는 성인이 아닐까.

시대가 발전해도 어려운 시기에는
붙들 성인이 하나씩 필요한 모양이다.

다른 종교와 합쳐진 성당

01

두 종교를 품은 유일무이한 공간

코르도바의 모스크

Córdoba, Spain

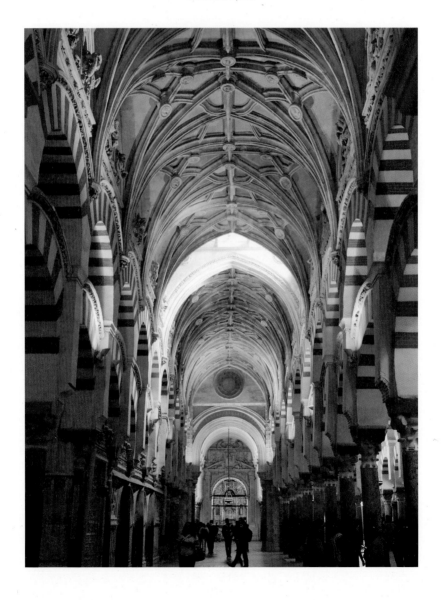

68일간의 유럽 여행 기간의 1/3은 호스텔에서, 나머지 2/3는 에어비앤비에서 머물렀다. 둘은 각각의 장단점이 있다. 호스텔은 주로 지하철역이나 기차역 근처 등 교통의 요지에 있고, 일찍 짐을 맡길 수 있다. 운이 좋으면 여행 메이트를 만들 수도 있고, 직원이나 룸메이트를 통해 관광지에 대한 최신 정보를 손쉽게 얻을 수 있다. 대규모로 운영되는 호스텔은 게스트를 위한 다양한 문화프로그램이 준비되어 있기도 하다. 뮌헨에서는 요가 수업을 들으며 여행의 피로로 굳어진 몸을 풀었고, 잘츠부르크에서는 공동 거실에서 〈사운드 오브 뮤직〉 영화를 함께 관람하고는 영화 주제가를 내내 흥얼거리기도 했다. 운이 나쁘면 시끄러운 룸메이트를 만나 괴로운 밤을 보내게 될 수도 있지만, 대체로 불쾌한 경험 없이 깊고 편안하게 잠들었다. 한 가지 신기했던 것은, 우리나라에서는 호스텔이나 게스트하우스가 젊은 사람들의 전유물이라면 유럽에서는 중노년층도 호스텔을 제법 이용하더라는 점이었다.

에어비앤비 숙소에 묵으면 단순히 숙박을 해결한다는 것을 넘어서서 그 지역에 사는 호스트와 교류할 기회가 만들어진다는 점이 특별하다. 주민들이 실제로 사는 지역에 방문해서 주거 형태를 볼 수 있는 것은 물론이고, 이곳에서 맺은 인연이 전혀 예상하지 못한 곳으로 여행자를 이끌기도 한다. 그라나다에서는 로라 할머니가 추천해준 전망대를 갔다가 가장 기억에 남는 야경을 보기도 했고, 포르투에서는 호스트 추천으로 찾은 동네 식당의 단골이 돼서 사장님과 인사하는 사이가 되기도 했다.

프랑스 리옹의 에어비앤비 호스트는 유태인 랍비였는데, 스페인 여행 일정을 듣더니 말라가보다는 코르도바에 가기를 추천했다. 문화적으로나 역사적으로나 훨씬 볼 게 많은 도시라고. 언젠가 언뜻 본 듯한 기둥으로 빼곡한 특이한 사원도 코르도바에 있는 건축물이었다. 말라가에는 이미 이틀 동안 묵기로 한 숙소가 있어, 도착한 날 반나절은 말라가를 둘러보고, 당일치기로 코르도바에 다녀오기로 했다.

역사는 지나가도 건축은 남는다

스페인, 포르투갈이 자리한 이베리아반도는 종교가 두 번이나 바뀐 흔치 않은 역사를 가지고 있다. 로마제국이 멸망한 이후 5세기부터 기독교인 서고트족이 이베리아반도를 차지했다. 이들은 반도 중앙의 도시 톨레도를 수도 삼아 그들만의 왕국을 건설했다. 8세기 초 왕위를 두고 다투던 일부 왕족이 이베리아반도 바로 남쪽에 있는 북아프리카의 무슬림에 지원을 요청했다. 긴 통치 기간 동안 서고트 왕국의 내분이 커진 탓에 무슬림이 무력으로 이들을 다 몰아내고 이베리아반도를 차지하기까지 10년밖에 걸리지 않았다.

이슬람 제국의 우마이야 왕조는 북아프리카에서 가까운 코르도바를 수도로 정하고, 도시 중앙의 작은 예배당을 증축해 모스크를 세웠다. 대리석으로 기둥을 쌓아 올리고 화려한 아치로 연결해 끊임없이 연속된 회랑을 만들어내는 전형적인 이슬람식 사원이었다. 하지만 이슬람 제국의 영광은 오래가지 않았고, 300년 후 똑같은 상황이 역전되어 벌어졌다. 오랜 내분으로 약해진 제국에 십자군이 들어왔다. 다만 이번에는 규모가 더 커져 있었다. 기독교 국가들의 연합인 십자군과 북아프리카의 원조를 등에 업은 이슬람 세력이 지난한 싸움을 이어갔다. 결국 1236년, 코르도바는 다시 기독교 국가의 손에 들어가게 되었다.

오늘날의 코르도바에는 한때 강성했던 이슬람 제국의 영광과 화려한 문화의 흔적이 남아있다. 유럽이 구시대적인 물물교환을 하고 있을 때, 이들은 이미 은화를 이용한 화폐 거래를 시작했다고 한다. 꽃피웠던 이슬람 문화가 남

은 것이 바로 코르도바의 모스크와 유태인 지구라고 할 수 있다. 역사가 지나

가도 건축은 남아 그 자리를 지키고 있다.

성 주간의 코르도바

성 주간^{부활절 전 일주일, Semana Santa}이라 도시에는 사람들이 넘쳐났다. 역에서 내

려 코르도바를 남북으로 가로지르는 빅토리아 정원을 따라 걸었다. 온갖 야자

수와 이국적인 식물들이 무리를 이루고 있다. 푸른빛이 도는 타일을 붙인 벤

치, 조각상이 놓인 분수대를 가로질러 갔다. 공원 한쪽에서는 야외전시로 사

진전이 열리고 있었다.

빅토리아 정원과 정원 한쪽에 열린 사진전

공원에서 동쪽으로 빠져나와 높다란 황토색 성벽으로 둘러싸인 유태인 지

구로 들어갔다. 흰 벽이 양옆을 가로막아 좁은 골목을 만든다. 골목으로 나 있

는 창문 주변으로는 붉은색과 노란색으로 테두리를 둘렀다. 빈 벽에는 둥근 철

사를 달아 꽃 화분을 하나씩 꽂아두었다. 일정한 간격을 두고 꽂힌 화분들은

저마다의 색깔로 골목을 알록달록 피어나게 한다.

이 도시는 로마 제국의 식민지였다가 6세기에 이슬람 제국의 침략으로 이베리아반도에서의 이슬람 수도가 된 곳이다. 이후 7세기 반에 걸쳐 교황청을 중심으로 한 기독교 국가들이 재정복 운동 레콩키스타, Reconquista을 벌여 가톨릭교가 국교인 스페인이 세워졌다. 이 때문에 코르도바의 모스크 겸 성당은 전 세계에서 가장 독특한 건축물 중 하나다. 코르도바의 종교가 가톨릭에서 이슬람교로, 그리고 다시 가톨릭으로 바뀌는 동안 사원도 증축을 거듭하며 두 쪽 모두의 특성을 가지게 되었다. 처음에는 작은 기독교 예배당에서 시작했지만 모스크로 바뀌며 증축을 거듭했고, 이후 다시 가톨릭교회가 한가운데에 자리잡은 것이다.

왜 부활절 날짜는 매해 달라질까?

어렸을 적 성당이나 교회에 다녀봤던 사람이라면 누구나 알록달록하게 포장한 계란을 받아본 경험이 있을 것이다. 예수의 부활을 축하하기 위해 풍요와 재생산을 의미하는 계란을 나눈 것이다. 스페인에서는 부활절 전 일주일간 거리 행진이 이어지는데, 이 주간을 성 주간, 또는 고난 주간이라고 부른다. 예수가 십자가에 매달렸다가 부활하기 직전까지의 고난을 기리기 위한 날이다. 하지만 이 축제를 보기 위해서 작년의 달력을 참조해서 방문 계획을 세웠다가는 낭패를 볼 수 있다. 매해 부활절 주간의 날짜가 달라지기 때문이다. 부활절 날짜는 기독교 기준의 음력 달력에 따라 정해지는데, 이는 우리의 음력 달력과는 다르다. 보통 봄이 시작되는 3월 말에서 5월 초 사이에 있는 일주일이다. 구글에 'Semana Santa 20XX(방문하고자 하는 해)'를 검색하면 정확한 날짜를 바로 확인할 수 있다.

대부분이 기독교 국가인 유럽에서는 부활절이 있는 주말 전후로 금요일(Good Friday)과 월요일(Easter Monday)이 공휴일이라 휴가를 맞은 유럽인들이 따뜻한 스페인으로 몰려온다. 숙소 예약과 기차표, 항공편 예약을 서둘러야 하는 이유다. 여행 한 달 전 숙소를 예약하면서 이상하게 스페인 쪽 객실이 많지 않았던 이유를 도착해서야 알게 되었다.

스페인과 포르투갈을 통과하는 유레일 티켓은 창구에 가서 직접 예약해야 하는데, 부활 주간에 스페인에 갔다면 도착한 첫날에 나머지 일정의 기차표를 미리 예약해두는 것이 좋고, 침대칸으로 밤새 이동할 계획이라면 한국에서 인터넷으로 예약하자. 자칫하다가는 기차표를 구하지 못해 모든 일정이 꼬이거나 어쩔 수 없이 예약한 일반칸에서 새벽 2시에 티켓 확인을 한다고 승객을 깨우는 승무원을 만나 밤을 지새워야 할지도 모른다. 설이나 추석의 민족 대이동이라 가정하고 움직여야 심신의 고생을 덜 수 있다.

부활의 행진

관광객의 입장은 오전과 오후로 나뉘어 있었는데, 도착했을 때에는 딱 점심시간에 걸려 매표소가 닫혀 있었다. 일단은 발길을 돌려 과달키비르 강변으로 향했다. 강변을 앞두고 부활절 퍼레이드를 만났다. 가방에서 맥주를 꺼내 들고 홀짝이며 구경했다. 고깔이 달린 복면과 망토capirote를 쓴 나자렛인nazareno 무리와 군악대, 그리고 전통의상인 검은색 치마정장mantilla을 입고 검은색 레이스를 늘어뜨린 여성들이 지나갔다.

부활절 퍼레이드

옆에 계시던 스페인 아주머니께서 재밌게 보고 있냐고 물어보시더니, 아들이 꽃과 촛불로 장식한 거대한 조각상trono을 이고 지고 이동시키는 역할 costaleros을 한다고 알려주었다. 아드님 힘이 장사인가 봅니다, 라고 하며 뽀빠이 제스처를 취했더니 고개를 절레절레 젓고는 아니 그만큼은 아니야, 라고 대답했다. 옆에 있던 딸이 허리를 꺾으며 웃었다.

이 부활절 행진을 바로 전 도시인 그라나다에서도 만났었다. 그라나다에서는 해가 질 무렵에 행진을 시작했는데, 도시의 크고 작은 성당들이 저마다 화려하게 장식한 조각상을 차례로 선보였다. 그라나다에서는 예수상과 성모상 등 조각상 종류가 제법 다양했는데, 코르도바는 예수의 죽음과 부활의 각 장면을 나타낸 조각상을 37개의 지역 성당에서 준비해 행진한다고 한다. 이 조각상은 부활절 기간에 꺼내서 행진하고 보수를 한 뒤 넣어두고 다음 해에 다시 꺼내 쓰는 것으로, 몇백 년의 역사를 가진 조각상도 있다.

행진을 두어 팀 구경하고는 점심식사를 마치니 슬슬 모스크 매표소가 열 시간이다. 도착하니 매표소 앞에 이미 긴 줄이 서 있었다. 한참을 기다려 표를 사니 또다시 긴 입장 줄이 기다린다. 다행히도 모스크 문이 열리자마자 줄은 빠르게 줄어들었다.

성당에서 사원으로, 그리고 다시 성당으로

인파에 휩쓸려 들어가니 일정한 간격으로 수많은 기둥들이 서 있다. 기둥과 기둥 사이에는 붉은색과 흰색을 번갈아 칠한 아치가 저 높이 매달려 있다. 모스크는 오랜 시간 동안 크게는 총 세 단계에 걸쳐 증축되었는데, 증축한 시기마다 각기 고딕, 르네상스, 바로크 양식으로 아치의 모양이 조금씩 다르다. 6세기 중반에 처음 지어져 최근까지도 증축과 복원을 반복한 덕분에, 헬레니

모스크 기둥과 스패니시 고딕 양식의 예배당

즘, 로마, 비잔틴 등 수많은 문화적인 영향을 찾아볼 수 있다. 세계적으로 전무후무한 건축이다.

건물 전체를 받치는 기둥만 보면 모스크인데, 중간에 가톨릭 예배당 부분은 누가 봐도 스패니시 고딕 양식의 성당이다. 예배당 바깥으로는 움푹 파인 벽면마다 예수상이나 성모상이 놓여 있다. 한 공간에서 이루어진 두 종교의 대비와 조화가 이색적이다. 무엇보다 끝없이 이어진 열주 사이에 서면 그 깊이가 무한으로 느껴진다. 붉은색과 흰색이 번갈아 칠해진 아치가 공간감을 더해준다.

한쪽 벽면의 아치가 유독 화려하고 장식이 많아 살펴보니 메카의 방향에 있는 벽이라고 한다. 이슬람교도들은 하루에 서너 번 이상 메카를 향해 절을 올려야 한다. 같은 간격의 기둥이 연속되어 있는 공간이기 때문에, 공간의 넓이나 높낮이 대신 장식으로 위계를 준 것이다. 성당은 중요한 부분은 넓고 높게 지었다면, 모스크는 중요한 부분에 화려하게, 그렇지 않은 부분은 밋밋하게 꾸몄다. 화려한 벽 안쪽으로는 기도를 할 수 있는 공간이 마련되어 있다.

한참을 넋을 잃고 모스크를 구경하고, 크게 한 바퀴 더 돌고, 끝없이 이어진 기둥 사이를 헤치고 가다 중앙에서 다시 성당을 마주쳐 벤치에 앉아 쉬었다. 십자가상과 함께 탁 트인 예배당 공간과 거대한 오르간이 있는 공간이 마주 보고 있다. 상대의 종교는 걷어냈을지언정 건축물은 파괴하지 않고 자신의 종교를 덧입힌 마음을 헤아려본다. 거대한 역사의 흐름이 이 건물에 두 켜의 종교로 쌓여 있다.

이슬람식 기둥 사이로 보이는 예수상과 메카를 향한 벽

성당과 모스크 천장을 비교해보면 더 오묘하다.

02

5접시의 타파스와 부활의 밤

알함브라 궁전
Granada, Spain

그라나다에서 관광할 시간이 단 하루였기 때문에, 전날 늦게 잤는데도 새벽에 일찍 깼다. 다른 손님들을 깨우지 않기 위해 조심조심 움직여 준비를 끝내고 숙소를 나왔다. 어슴푸레한 거리는 새소리만 요란하고, 아직 해가 뜨지 않아 파르스름하다. 언젠가 시카고 미술관에서 본 〈기타 치는 노인〉 그림이 생각난다. 거리에서 몸을 한껏 웅크린 채 기타를 치고 있는 노인을 짙은 파란색의 명암으로 표현한 그림. 어쩌면 정말로 피카소가 우울에 잠긴 채 스페인의 새벽 거리를 걷다가 발견한 노인을 그린 것일 수도 있겠다는 생각이 들었다.

건축은 '종합예술'이라는 말을 하곤 한다. 결과물이 도시의 일부로 남고, 이웃에게 영향을 미치고, 법의 영향을 받고, 땅에 뿌리를 내리고, 시간과 비와 바람으로 낡아가고, 다시 새로워지는 과정을 반복하기 때문이다. 건축가의 에고로만 만들 수 없는 것이 건축물이다. 그러니 건축을 하는 입장에서 미술이라는 것은 건축에 비교하면 꽤나 개인의 영역으로 보였다. 결과물이 온전히 예술가의 에고로 탄생한다고 생각했기 때문이다. 하지만 막상 여행을 다니며 미술관에서 만난 것은 상상 속의 세계보다는 현실의 사람과 사회를 담아낸 결과물에 가까웠다. 스페인의 새벽 풍경에서 피카소를 만나고, 액자 속에 담긴 풍경에서 건축가의 창과 호수 건너의 알프스를 만난다. 낯선 나라의 낯선 예술가들은 그들이 일상적으로 만나는 풍경을 자신만의 방식으로 재구성해서 화폭과 조각에 담아내고 있었다. 언젠가 더 많은 나라에서 더 많은 풍경을 보고 미술관에 다시 방문하여 화폭에서 내가 만난 풍경을 겹쳐볼 수 있다면, 같은 화폭에서 훨씬 많은 것을 읽어내고 그 안의 시선과 감정에 공감할 수 있을 것이다.

온통 푸른 거리에서 홀로 불을 밝힌 카페를 찾아 들어갔다. 유럽 어느 도시를 가도 커피 한 잔, 주스 한 잔, 그리고 빵을 기본으로 포함한 아침 메뉴가

있다. 바르셀로나의 물가에 질려 있다가 그라나다의 가격을 보니 숨통이 트이는 기분이다. 카페 주인에게 물어보니 부활절이라도 평범한 금요일이고, 보통 아침 9시부터 10시 사이에 도시가 깨어나기 시작한다고 한다. 아침 일찍은 사람이 없어 세기말의 도시 분위기라고. 유쾌한 주인이다. 허기를 달래고 발걸음을 옮겼다.

길가에 즐비한 오렌지는 막상 먹을 건 아니었다.

길가에 오렌지가 주렁주렁 달린 가로수가 즐비하다. 손이 닿을 만한 높이에는 오렌지가 없길래 주민들이 따서 먹은 것이 아닐까 상상해 보았지만, 알고 보니 가로수로 쓰이는 오렌지는 당도가 낮고 써서 도저히 먹을 것이 아니란다. 나중에 한 번에 수확하여 비료 등으로 쓰인다고 한다. 길을 가다가 만난 대성당은 꼭대기부터 물감을 엎은 것처럼 천천히 햇빛에 젖어들고 있다. 푸른색에 잠겨 있던 도시가 노랗게 깨어난다.

아침의 그라나다 대성당

도심 속의 수도원, 제로니모

처음으로 간 곳은 산 제로니모 수도원이다. 여태까지 찾아갔던 수도원들이 산 위에 있어 이곳도 언덕에 있지 않을까 막연하게 생각했는데, 의외로 시내 한복판 평지에 있는 수도원이다. 오픈 시간이라는 열 시 전인데도 문이 열려 있었다. 작은 정원을 건물과 담장이 감싸고 있다. 조심스레 성당 문을 열고 들어가니 파이프 오르간 소리와 노랫소리가 들린다. 눈에 띄는 사람이라고는 나와 관광객으로 보이는 아저씨 한 명, 그리고 기도하려고 성당을 찾은 주민 한 명이 다였다. 화려한 장식을 지나 앞쪽에 자리를 잡으니 제단 옆에 둥글게 모여 앉아 기도를 올리는 보라색 옷의 수녀님들이 뒤늦게 보인다.

전면은 온통 황금빛이다. 기둥으로 칸칸이 나뉜 벽면에 예수와 성인들이

한 칸씩 들어가 있다. 일부는 금색 옷을 입은 조각상으로, 일부는 붉은색과 초록색 물감을 칠한 그림으로 채워졌다. 돔과 아치의 형태로 되어 있는 천장도 칸칸이 나뉘어 알록달록한 색을 칠한 성인들이 한 명씩 채워져 있다. 수녀님

제로니모 수도원의 황금빛 조각상 제단

들이 기도를 드리는 맞은편 공간에는 은색을 입힌 제단 두 개 위에 각각 성모 마리아와 예수가 올라가 있다. 예수상 사방으로는 붉은색 초가 꽂혀 있다. 부활절 전 금요일이니 저녁이 되면 이곳에서도 제단을 가지고 나와 퍼레이드를 할 것이다.

제로니모 수도원은 르네상스 양식의 왕립 수도원으로, 그라나다에 최초로 세워진 기독교 수도원이다.

입장 시간 : 매일 10:00~13:30, 16:00~19:30 (미사는 매일 9:00, 일요일 10:00)
입장료 : €4
찾아가는 길 : 그라나다 중앙역에서 도보 15분

예약 없이 즐기는 알함브라 궁전

잠시 쉬다가 일어나 나왔다. 바르셀로나에서 관광객들에게 내내 치여 다녔으니, 사람이 없는 거리를 걷는 것만으로도 위안을 얻는다. 천천히 걸어 알함브라 궁전 쪽으로 올라갔다. 항공권, 유레일 패스, 숙소 이렇게 세 가지만 예약하고 떠난 여행이다. 알함브라 궁전 예약을 전날 부랴부랴 알아보니 이미 5월까지 예약이 꽉 차 있다. 두 달 전에는 예약을 해야 했는데, 하루 전이니 표가 있을 리 없다. 궁전 대신 근처 전망대에나 올라가 보려고 간 것인데, 의외로 예약 없이도 볼 수 있는 부분이 꽤 많다. 거대한 원형 건축물인 찰스 5세 궁전과 성당을 구경했다.

스페인 역사에서 거대한 족적을 남긴 인물을 단 하나 뽑자면, 바로 카스티야 왕국의 이사벨 왕이다. 이사벨은 내전에서 승리하여 카스티야 왕위에 오른

스페인 부흥의 주역 이사벨 왕을 위한 외손자의 선물이다.

인물로, 뛰어난 정치 수완과 능력을 통해 불안하던 왕권을 안정화했다. 이사벨 왕 등장 이전 그라나다 왕국을 중심으로 집결해있던 무슬림은 세력을 유지하기 위해 카스티야 왕국에 조공을 갖다 바쳤다. 그 결과로 경제적 번영을 이루고 알함브라 궁전 등의 문화적 유산을 남길 수 있었다. 이사벨 왕은 내정이 안정되자마자 레콩키스타(이베리아반도에서 무슬림을 몰아내고 다시 기독교 세력을 공고히하려는 운동)를 재개하였고, 그라나다는 결국 기독교 세력의 손에 다시 넘어가게 되었다. 이사벨 왕은 여기서 만족하지 못하고 콜럼버스를 통해 신대륙을 발견하기에 이른다.[1] 카스티야 왕국은 훗날 아라곤 왕국과 통합하여 스페인 왕국의 핵심 세력이 된다.

이사벨 왕의 외손자인 찰스 5세는 스페인 왕이자 신성로마제국의 황제다. 그는 왕위에 오른 후 1526년에 알함브라에 그의 왕궁을 짓기로 결정했다. 무슬림 세력을 몰아낸 이사벨 왕의 업적을 기리기 위한 상징적인 작업이었다.[2] 정사각형과 원, 좌우대칭과 같은 명확한 형태는 그 자체로 큰 힘을 가진다. 찰스 5세 궁전은 정방형의 건물 내부에 원형의 커다란 중정을 만들고 회랑으로

1 pp.160-170, 『대항해시대의 탄생(2019)』, 송동훈, 시공사
2 Palace of Charles V : www.alhambra-patronato.es/en/edificios-lugares/palace-of-charles-v

이사벨 왕을 기리기 위한 외손자의 효도

감싸 안아 들어가면서부터 웅장함이 느껴진다. 당시 이탈리아 건축에서 영향을 받아 르네상스 양식으로 지어져서 1층의 열주는 도릭 기둥, 2층은 이오니아식 기둥이다.

아쉽게도 예약을 하지 못해 나머지 부분은 볼 수 없었으나, 알함브라 궁전 내의 산책로만큼은 마음껏 누빌 수 있었다. 분홍색 꽃나무와 상록수가 양옆에 있는 곳을 지나면 시내가 내려다보인다. 화단을 지날 때는 아찔한 꽃향기가 풍긴다. 보기 드문 길고양이도 무리 지어 나타났다. 공원에서 주기적으로 식사를 챙겨주는 모양이다. 체다치즈 색깔의 털을 가진 고양이가 성큼성큼 다가오더니 다리며 손이며 닿는 곳마다 머리를 부빈다. 한참을 앉아 쓰다듬고 두들겨주며 어울렸다. 사교성이 유난히 좋은 친구다. 도시 사람들의 성품을 길고양이의 모습에서 찾는다.

전망대 하나를 목적지로 찍고 무작정 길을 따라갔다. 주차장 옆길로 가다가 언덕 위 잔디 사이로 올라갔다. 흰색을 칠한 나무 파티오 위에 꽃이 흐드러지게 피어 있다. 노란 개나리 덤불도 있다. 발아래로 주황색 스패니쉬 기와를 얹은 건물들이 빼곡하다. 언덕을 올라왔던 길과 다른 길로 내려갔다. 잔디 위로 낯익은 모습의 키 작은 나무가 듬성듬성 심겨 있다. 전날 기차를 타고 오며 너른 들판에 똑같이 듬성듬성 자라나고 있던 모습을 보았다. 식물 어플 '모야모'를 통해 물어보니 올리브 나무라고 한다. 요리하면서 올리브유도, 올리브도 많이 썼지만 그렇게 많은 올리브 나무를 본 것은 처음이었다. 스페인은 전 세계에서 올리브를 가장 많이 재배하고 수확하는 나라 중 하나인데, 연간 수확량은 6톤으로 유럽에서 가장 많다. 기차를 타고 오며 보았던 나무들은 알고 보니 정부에서 GPS까지 활용하여 섬세하게 관리하고 있는 작물이라고 한다.[3] 지구 반대편에서 자라난 올리브가 식탁에 오기까지의 여정이 새삼스럽다. 어

늘어선 올리브 나무. 저 중 얼마간은 우리집 식탁으로 올 것이다.

3 Olive Tree & Olive Oil : www.andalucia.com/environment/olivetrees.htm

쩌면 대한민국 서울의 우리 집 부엌에 있는 올리브유가 내가 보았던 바로 그 나무에서 수확한 올리브로 만들어졌을지도 모르는 일이니까.

공작새가 노니는 정원

알함브라 궁전에서 나와 길을 잃고 헤매다가 지도에서 정원Carmen de los Martires 하나를 발견했다. 정원 입구 앞에는 공작새 한 쌍이 천천히 걷고 있다. 입구로 들어가자마자 보이는 것은 벽을 아름답게 세공한 파고라다. 파고라 중앙에 물로 만든 정원이 있고, 수면에 반사된 햇빛이 천장에 무늬를 그린다. 파고라를 나와 둘러보니 크고 작은 분수와 연못이 곳곳에 있다. 전망대에서는 작은 언덕과 시내가 내려다보인다. 규모가 생각보다도 컸다. 알함브라 궁전을 놓친 덕분에 근방의 좋은 장소를 찾았나 보다. 궁전 관광 예약은 실패했지만 조금 작은 규모의 이슬람 건축을 보고 싶은 사람들에게 추천하고 싶은 곳이다.

알함브라 궁전 근처의 정원. 햇빛이 좋아 물 위로 번져간다.

언덕을 내려와 미리 봐 둔 타파스 집으로 향했다. 스페인에서 처음 먹는 타파스다. 유명한 집이라 늘 줄 서서 먹는 곳이라는데, 오픈 시간에 맞춰 가니 바 한 자리를 쉽게 차지할 수 있었다. 일단 맥주 한 잔을 주문했다. 이곳은 스탠딩으로 먹으면 맥주 한 잔에 무료로 랜덤 타파스 한 접시가 나온다(앉아서 먹으면 안주는 따로 주문해야 한다). 첫 잔의 타파스는 튀긴 흰 살 생선이었다. 맥주는 양이 많지 않아 오히려 반가웠다. 맥주를 많이 시키면 타파스를 더 다양하게 먹을 수 있으니까! 갈증이 난 참에 금방 첫 잔을 비웠다. 두 번째 잔을 주문하니 이번에는 튀긴 멸치가 나왔다. 고소하다. 속도는 점점 느려졌지만 연이어 세 번째, 네 번째, 그리고 다섯 번째 잔까지 주문했더니 올리브유를 뿌린 조갯살, 새우 두 마리, 그리고 스페인식 볶음밥이 차례로 나왔다. 맥주에 배가 부른 건지 타파스에 배가 부른 건지 모르는 채로 계산을 하고, 해장으로 레몬 맛 젤라토를 베어 먹으며 숙소로 돌아갔다. 한 시부터 술을 마셨더니 제법 취기가 오른다.

낮잠을 자고 일어나니 오후 네 시 반이다. 텔레비전 소리에 거실로 나오니 호스트 로라 할머니가 누워서 세상에서 가장 편안해 보이는 자세로 쉬고 있다. 나를 보고 반색하시더니 옆에 와 앉으라고 손짓하셨다. 한 손으로는 내 손을 꼭 붙잡으시고, 나머지 한 손으로 핸드폰에서 구글 번역기를 익숙하게 작동시키셨다. 따뜻하고 도톰한 할머니의 손이다. 영어를 못해서 미안하다며, 오늘 어딜 갔는지 묻고는 야경을 보기 좋은 전망대 하나를 추천해 주셨다. 번역기를 사이에 두고 한참 이야기를 나누었다. 오랜만에 느끼는 타인의 온기였다. 기술의 진보는 국경과 언어의 장벽을 무너뜨린다.

튀긴 흰 살 생선, 튀긴 멸치, 올리브유를 뿌린 조갯살, 새우 구이, 스페인식 볶음밥.

숙소에서 다시 짐을 챙겨 나온 것은 여섯 시였다. 아직 해가 중천이다. 시내를 조금 더 구경하다가 성당 앞에 사람들이 모여 있는 것을 발견했다. 부활절 퍼레이드를 기다리는 무리다. 한 자리 차지하고 기다렸다. 금세 시작할 것 같던 퍼레이드는 사람들이 거리를 더 메울 때까지 기다리더니 일곱 시가 되어서야 시작했다. 저 멀리서 나팔 소리와 북소리가 들리더니 군악대를 앞세우고 거대한 성모상과 예수상이 천천히 뒤따라왔다. 비가 조금씩 내리기 시작하자 사람들이 우산을 접었다 펴기를 반복했다. 거대한 고깔을 쓰고 천으로 얼굴을 가린 사람들, 검은색 투피스를 입고 망사로 만든 장갑을 낀 손으로 기다란 초를 든 여성들, 고깔을 쓴 어린이들, 퇴역 군인들 등 여러 무리의 사람들이 퍼레이드를 이루어 눈앞을 지나갔다.

두어 차례 퍼레이드 무리가 지나가고 길을 빠져나와 전망대로 올라갔다. 로라 할머니가 알려준 명소다. 알함브라 궁전과 시내를 동시에 볼 수 있는 언덕 위에 자리하고 있다. 구름이 짙어지고 잠깐 비가 내리더니 알함브라 궁전 뒤로 무지개가 생겼다. 급히 사진을 한 장 찍으니 십 분도 지나기 전에 사라져버렸다. 전망대 난간에 걸터앉아 해가 지기를 기다렸다. 전망대에 도착했던 것이 여덟 시 즈음이라 금세 해가 질 줄 알았는데, 한 시간을 기다려서야 사방이 어두워지기 시작했다. 창문과 가로등에 빛이 하나둘 켜지기 시작하고, 궁전은 아래서 비치는 노란빛으로 물든다. 하늘은 점점 농도 짙은 푸른색이 되더니 마침내 암전되었다.

부활절 퍼레이드

알함브라 궁전 위에 걸친 무지개. 꼭 궁전에서 쏘아올린 것 같다.

'말라가'는 심신을 초콜릿으로 촉촉하게

말라가 역에 도착하니 아직 정오 전이다. 집주인에게 연락을 하니 퇴근 때문에 네 시는 돼야 체크인이 가능하다고 한다. 에어비앤비의 불편한 점 중 하나다. 게스트하우스는 역에서 가깝고 일찍 짐을 맡길 수 있지만 방을 공유해야 하고, 같은 가격의 에어비앤비를 이용하려면 역에서 멀어지고 호스트의 사정에 따라 미리 짐을 보관하지 못할 수도 있다. 그래도 그 지역 사람들이 실제로 사는 모습을 가까이서 볼 수 있다는 데 매력을 느껴서 에어비앤비를 자주 이용하는 편이다.

역에서 나와서 본 말라가의 첫인상은 그라나다보다 조금 허름하다는 것이다. 역 근처의 식당을 하나 찾아 들어갔다. 참치 샌드위치 하나와 오렌지 주스를 주문하고 자리에 앉았다. 사람들이 참 친절한 도시다. 샌드위치를 다 먹고도 시간이 한참 남아 여행기를 정리했다. 드디어 약속한 시간이 다 되어 숙소로 이동해서 캐리어를 방에 던져 넣으니 그제야 속이 시원해졌다. 짐을 점점 무겁게 만드는 스스로를 탓하면서 다음 여행에는 가볍게, 최대한 가볍게 다니리라 다짐하면서도 정작 여행지에서 컵과 식재료를 사들이는 버릇은 고치지 못한 것이다.

오후가 됐지만 해는 늦게 지고 동네는 볼 게 많지 않아 다행이다. 스페인 여행을 하고 돌아온 친구들이 가장 그리워하던 것이 추로스라는 게 생각났다. 멀지 않은 곳에 있는 유명하다는 가게를 찾았다. 이곳의 추로스는 다소 낯선 모습이다. 내기 알던 추로스는 놀이공원 키오스크나 드물게는 영화관에서 파는 것이었다. 전반적으로 곧은 직선의 형태에 설탕을 묻혀서 나오고, 단면은 각이 서 있는 그것 말이다.

추로스의 본고장인 이곳에서는 핫초코 한 잔을 함께 주문한다. 그리고 갓 튀겨 나온 추로스를 초콜릿에 적셔 먹는다. 전문가의 손길로 대충대충 정확하게 잘라내 튀긴 추로스는 겉은 파삭하지만 단단하지 않고 속은 부드럽다. 단면에 날이 서지 않은 부드러운 꽃 모양이다. 초콜릿을 듬뿍 묻힌 추로스를 씹자 달고 진한 초콜릿 맛이 등골을 타고 올라와 뇌를 행복으로 적신다.

지쳤던 심신을 성공적으로 달래고 나와 산책했다. 동네 성당과 탑, 성벽을 둘러보았다. 버스킹을 하는 아티스트들을 구경하다가 발걸음을 옮겼다. 미술관 바깥마당에는 루브르 박물관을 흉내 낸 듯한 작은 유리 피라미드가 있다. 야자수로 가득한 거리가 하늘을 덮은 구름 때문에 어둑어둑한 것이 아쉬웠다. 에어비앤비 트립 중에 말라가 벽화 투어가 있길래 구글링을 해보니 유명한 벽화가 여럿 있었다. 청계천 규모의, 벽화가 잔뜩 그려진 개천을 따라 걷다 보니 저 멀리 건물 외벽 한가득 그려진 여성과 우주인이 보인다.

부수적인 것으로 유명한 성당

Strahovský klášter ✝ 2019. 3. 25.

01

철학과 신학을 호기심으로 잇는 도서관

스트라호프 수도원

Prague, Czech Republic

사람들이 유럽에서 어디가 제일 좋았냐고 물으면 나는 카테고리 별로 대답했다. 빵과 디저트는 프랑스, 풍경은 스위스와 오스트리아, 사람들은 스페인이 제일 좋다고. 그리고 마지막에 꼭 강조해서 맥주와 고기는 체코가 제일이라고 덧붙인다. 놀랍게도, 원래는 체코에 갈 생각이 없었다. 빽빽한 계획표에 체코를 비집어 넣은 것은 단골 카페 사장님의 한 마디였다.

"맥주 하면 체코인데 왜 안 가세요?"

일단 프라하를 계획표에 넣은 후, 친한 언니와 밥을 먹으며 체코 이야기를 꺼냈다가 프라하에서 제일 맛있는 맥주는 수도원에 있다는 정보를 알게 되었다. 인생 최고의 맥주를 수도원에서 찾았다고 하니, 눈이 번쩍 뜨이는 정보였다. 그렇게 흑맥주, 아니 흑심을 가득 안고 수도원을 찾았다.

설레는 마음을 주체하지 못하고 이른 아침에 눈을 떴다. 숙소 근방에서 트램을 타고 동에서 서로 프라하 시내를 가로지르고 강을 건넜다. 저 멀리 언덕 위 하얀 건물에 주황색 기와를 얹은 건물들의 무리가 보인다. 수도원의 대문격인 아치 위에는 황금색 지팡이를 든 수도사의 석상이 아래를 내려다보고

스트라호프 수도원 게이트. 수도사 석상이 드나드는 사람을 살펴보고 있다.

있다. 아치를 지나 들어가니 청록색의 아름다운 종탑을 얹은 성당이 보인다.

아쉽게도 성당은 잠겨 있어 들어가지 못하고, 이곳 수도원에서 맥주 다음으로 유명하다는 도서관을 찾아 주변을 둘러보았다. 동글동글한 주황색 기와를 얹은 아이보리색의 키 작은 건물들이 반짝이는 파릇파릇한 잔디 옆으로 납작 엎드려 마을을 이루고 있다. 수도원 양조장이 유명한 덕분인지 근방에 맥주 펍이 여러 군데 있다. 한 바퀴를 돌아도 보이지 않던 도서관은 바로 성당 옆에 붙어 있는 건물이었다. 등잔 밑이 어두운 법이다.

성당 한 바퀴를 돌고 나서야 발견한 도서관 입구

철학과 신학을 호기심으로 잇는 도서관

이곳은 특이하게도 입장료와 사진 촬영 비용을 따로 받았다. 도서관 내부의 모습을 카메라에 담고 싶어 비용을 지불했다. 매표소 바로 옆 계단을 올라 서고로 향했다. 수도원 와인과 기념품을 판매하는 방을 지나니 관광객들이 네모난 문 앞에 몰려 있었다. 사람들 사이로 사진에서 보던 풍경이 펼쳐졌다.

왼편에는 책장 사이로 창이 있어 해가 들어오고, 오른편에는 온갖 고서로 책장이 빽빽했다. 공간이 높아 2층 높이에 사람이 다닐만한 너비의 나무 바닥과 낮은 난간이 설치돼 있다. 전면에는 금으로 장식한 나무 문이 달려 있는데, 문을 통하면 2층으로 가는 계단이 나온다고 한다. 천장은 아치형으로 오목한 천장에는 온갖 성인과 천사들이 화려하게 그려져 있다. 아쉽게도 서가 안으로 들어갈 수는 없었지만, 금으로 치장한 화려한 나무 책장과 천장화에서 눈을 뗄 수가 없었다. 가만히 서서 한참을 들여다보았다.

철학의 홀

짙은 오크 색 책장에 금으로 장식된 이곳의 이름은 '철학의 홀 Philosophical Hall'로, 1780년대에 지어졌다. 아치 모양 천정의 프레스코화는 오스트리아 출신의 화가가 그렸는데, 인류의 역사를 표현한 것이라 한다. 철학의 홀은 10미터 폭에 32미터 길이, 2층 높이 규모. 홀을 가득 채운 서적은 모라바 Morava의 옛 수도원에 있던 장서를 그대로 옮겨온 것이다.

철학의 홀 옆으로는 복도가 이어지는데 복도에는 책장의 일부와 성서, 책, 자료들이 전시되어 있다. 그리고 그 끝에는 또 다른 도서관 공간이 있다. 처음에 봤던 철학의 홀 천장이 그 자체로 한 폭의 그림이라면, 이곳 '신학의 홀 Theological Hall'은 대리석을 깎아 만든 듯 화려하게 조각한 흰색 프레임 사이로 둥근 천장화가 하나씩 이야기를 들려준다. 가운데로는 거대한 지구본 여러 개가 나란히 서 있다. 분명 두 도서관이 마주 보는 방향에 창이 나 있으니 가운데에 마당이 있을 법한데, 밖에서는 도무지 볼 방법이 없어 상상력을 자극했다.

신학의 홀은 철학의 홀보다 앞선 1670년대에 지어졌다. 물결치는 듯한 화려한 장식은 이탈리아에서 시작해 유럽으로 퍼진 하이 바로크 양식의 영향이다. 신학의 홀은 다양한 신학서적과 여러 언어로 번역된 성서를 포함해 20만 권 이상의 서적을 소장하고 있다. 홀 중앙의 지구본들은 17세기에 만들어진 작품이다. 천장화는 도서관 사서의 일을 표현하고 있고, 완성하기까지 4년이

나 걸렸다고 한다.

양쪽 서가를 한참 감상하고 복도의 전시를 다시 둘러보았다. 바깥쪽 철학의 홀 앞에는 장식장 안에 작은 상어부터 시작해서 문어, 각종 어류, 바닷가재, 조개와 같은 온갖 해양생물이 있다. 대항해시대 때 만들어졌을 법한 배의 모형과 오래된 지도도 보인다. 외부 활동이 잦았던 프레몽트레회의 수도사들이 세상을 떠돌며 하나하나 수집해 이곳에 도착한 것일까?

두 홀을 잇는 이 복도는 '호기심의 캐비닛Cabinet of Curiosities'이라는 이름이 붙어 있다. 오늘날의 박물관의 역할을 하는 곳이다. 신학과 철학을 잇는 곳을 호기심이라 이름 붙인 것도 꽤나 재밌는 점이다. 철학에 지식을 더하면 신에게로 더 가까이 다가갈 수 있다고 생각했을지도 모르겠다. 지금은 멸종된 도도새의

호기심의 캐비닛. 여기 담긴 것들을 모두 알고 나면 신에게 다가갈 수 있을까?

박제에서부터 12세기의 셔츠, 17세기의 흉갑, 프레몽트레 수도회의 계보와 더불어 약학, 법학, 연금술, 금속공학 서적 등 그야말로 모든 분야의 자료가 이 복도에 전시되어 있다. 샘플까지 곁들인 수목학 서적 컬렉션이 특히나 흥미롭다.

수도원에서 외쳐보자, "여기서부터 여기까지 다 주세요"

수도원 옆 양조장

　도서관에서 나와 브루어리를 찾았다. 수도원 입구 바로 앞에 있는 건물이 바로 양조장 겸 레스토랑이었다. 오픈 시간까지 십 분도 채 남지 않았기에 앞에서 그냥 기다리다가 안에 들어가 자리를 잡았다. 메뉴판을 받아보니 생각보다 가격이 저렴했다. 메뉴 중에 가장 값비싼 스테이크와 감자튀김 세트, 그리고 생맥주를 종류별로 4잔 주문했다. 이왕 온 김에 고기 한 입 크게 베어 물고 같은 맥주를 다 맛보고 싶었다. 메뉴판에 있는 맥주, 그러니까 맨 앞에 있던 엠버Polotmavé부터 시작해 다크Tmavé, 아이피에이IPA 그리고 포터Nakuriovaný Porter 맥주까지 모두 한 잔씩. 차례대로 나온 색색깔의 맥주는 평생 먹어본 맥주 중 가장 맛있는 것이었다. 어느 것 하나 빠지지 않았다. 특히나 과일 향이 제대로 살아 있는 IPA가 제맛이었다. 원래는 쌉싸름한 맛을 별로 좋아하지 않아 맛있게 먹은 기억이 많지 않은 맥주인데, 이곳의 IPA는 유독 과일 향이 강해 코 안쪽을 파고들어 목구멍까지 적시는 느낌이다. 여행 내내 맛있는 맥주를 끊임없이 마셨지만 비어가는 맥주잔이 아쉽기는 처음이었다.

스테이크는 미디엄 레어로 주문했는데, 입에서 살살 녹는다기보다는 씹히는 맛이 어느 정도 살아 있었다. 소스가 특히 맛있어 스테이크를 다 먹고 나서는 감자튀김을 소스에 찍어 먹다가 나중에는 감자로 그릇을 닦아내기에 이르렀다. 양이 많았던 감자튀김은 마지막까지 바삭했다.

분명 미사 때에는 포도주를 쓸 텐데, 왜 수도원에서 맥주를 만들게 된 것일까? 설마 하는 마음으로 체코에서는 포도주 대신 맥주를 미사에 주로 올리나 찾아보니 그건 아니었다. 물에 석회가 많이 든 유럽에서는 보다 안전하게 물을 마시기 위해 여러 가지 가공 방법을 찾았는데, 그중 하나가 맥주를 만드는 것이었다. 지금도 물보다 맥주가 싼 경우를 자주 보는데, 이 역사는 중세로 거슬러 올라간다.

초기에는 가내수공업으로 주조했는데, 발효에 대한 전문적인 지식 없이 집에 있는 재료로 만들다 보니 품질이 균일하지 않고 상하기 일쑤였다고 한다. 그러다 5세기 초반에 수도원 양조장에서 본격적으로 맥주를 만들기 시작하면서 맛과 질이 획기적으로 개선되었다. 자급자족해야 한다는 규칙에 따라 수도사들은 그들 자신과 순례자를 위한 맥주를 만들기 시작했다. 전성기에는 유럽 600곳 이상의 수도원에 양조장이 있었다. 음용수를 대신해 만든 것이었지만 인기가 많아지자 이것이 수도원 살림에 큰 보탬이 되었다고 한다.

전통적으로 수도원 양조장은 맥주의 용도에 따라 품질을 달리 만들기 위해 세 구역으로 나뉘어 있는데, 각각 소비자와 여행객에게 판매하는 용도, 가난한 자들에게 나눠주는 용도, 수도원에서 자체적으로 사용하는 용도가 그것이다. 물이 귀하던 시절 수도사들은 매일 4리터의 에일 맥주를 마시고 금식 기

여기서부터 여기까지 다 주세요! 하고 받은 맥주 네 잔과 스테이크, 감자튀김

간 동안은 영양 섭취를 맥주에 의존했다고 하니 평생을 맑은 정신이 무엇인지
모르고 살았던 수도사들도 있었을 것으로 보인다. 아닌 게 아니라, 중국에서
차를 들여오면서 유럽인들이 술에서 깨어나며 르네상스가 왔다는 설도 있다.
아무튼 중세시대 수도사의 마음으로 수도원에서 나왔다. 정오도 되기 전부터
잔뜩 취했다는 얘기다.

스트라호프 수도원(Strahovský klášter)은 프레몽트레회(Premonstratensians)의 수도원이다. 프레몽트레회는 천주교의 수도회 중 하나로, 성 노베르트(St. Nobert)가 12세기 초반에 창시했다. 천주교에서 가장 오래된 수도원 규칙인 아우구스티노의 수도 규칙서를 따른다. '사랑'을 중심 가치로 생각하는 이 규칙서를 따르는 수도원 공동체는 주로 수도원 밖에서 활동을 한다.

입장 시간 : 매일 9:00~12:00, 13:00~17:00
입장료 : 수도원 도서관 입장료 CZK 150, 사진 촬영 시 CZK 50 추가 요금
찾아가는 길

프라하 중앙역 → 7분 도보 → **인드리쉬스카** → 6분 9번 트램 →
Praha hlavní nádraží   Jindřišská

나로드니 트르지다 환승 → 16분 22번 트램 → **포호르젤레츠** → 5분 도보 →
Národní třída   Pohořelec

스트라호프 수도원
Strahovské nádvoří

털 난 공주님에 대한 전설

로레타

Prague, Czech Republic

로레타 성당 외관

　스트라호프 수도원에서 배불리 식사를 마치고 살짝 알딸딸한 정신을 붙잡고 레스토랑을 나서서 수도원에서 가까운 로레타 성당으로 향했다. 이쯤 되면 체코 건축물의 컬러 코드가 나오는 듯하다. 백색 벽, 황금색 장식, 주황색 기와, 그리고 청록색 금속 종탑. 1600년대에 지어진 건물이니 운송 기술이 발달하지 않아 지역의 재료를 구해서 쓴 것이 비슷한 색상의 건물을 만든 것이다.

　로레타는 본당과 야외 회랑, 그 중간에 있는 예배당, 그리고 2층의 전시 시설로 이루어져 있다. 회랑을 반시계 방향으로 돌면 왼편에는 그림과 조각상이 있고 오른편에는 예배당과 정원이 보인다. 중간에는 산성비에 녹아 검게 변한 조각상을 모아둔 기다란 전시장도 있다. 회랑 천장에는 각 네 기둥마다 천장에 종교적 의미를 담은 프레스코화가 그려져 있다. 중간의 예배당은 외벽이 온통 정교하게 조각된 대리석으로 되어 있다. 천사와 성인들이다. 안에는 기도를 할 수 있게 기다란 의자가 있고, 전면에는 예수를 안은 마리아의 조각상이 있다.

1층 회랑의 한 작품 앞에 'Our Lady of Loreto'라는 이름이 붙어 있다. 마리아가 대천사 꿈을 꾸고 잉태한 이야기를 그린 조각이다. 로레타라는 이름은 여기서 유래했다. 'Our Lady'는 성모 마리아를 뜻하고, 'Loreto'는 지명이다. 팔레스타인의 나자렛 마을에 성 가족, 즉 요셉과 마리아가 예수가 죽던 날까지 거주하던 집이 있었다. 순례지로 널리 알려진 탓에 무슬림의 잦은 공격을 받는 집을 보호하기 위해, 뼈대를 이루던 세 개의 벽을 일부 해체해 배에 실어

로레타 성당 내부

1294년에 이탈리아의 한 마을인 로레토로 옮겼다고 한다. 프라하의 로레타는 엄밀히 말하자면 전체 건물이 아니라 회랑 한가운데 있는 자그마한 예배당이다. 이탈리아로 옮겨져 지어진 성스러운 집, 산타 카사를 본떠 만든 이 예배당은 1626년에 이탈리안 건축가 오르시^{G. B. Orsi}가 이탈리안 르네상스 스타일로 설계하여 지었다. 산타 카사가 화재로 불타 소실된 이후 그 모습을 그리워하는 사람들이 프라하의 로레타로 찾아온다고 한다.

회랑 한가운데 놓인 진짜 로레타 성당

2층 전시실에서는 성당의 보물과 그림, 그리고 종에 대한 전시가 있다. 로레타는 특히 종소리가 예쁘기로 유명한데, 2옥타브 반을 자유자재로 다루는 25개의 종이 리듬에 맞게 울린다. 아쉽게도 종소리를 직접 들을 수는 없었지만, 대신 종 연주자들에 대한 인터뷰 영상을 볼 수 있었다. 조명이 어둡게 켜진 전시실 안에는 온통 황금으로 뒤덮인 성물들이 있다. 수도사와 성인들의 초상화가 있는 복도를 따라 방에서 나와 다시 밖으로 향했다.

털이 부숭부숭한 공주님에 대한 전설

전시를 둘러보고 계단을 내려오는데 맞은편에 걸린 그림이 희한하다. 분명 십자가도, 못 박힌 모습도 예수와 흡사한데 드레스를 입고 왕관을 쓰고, 뜬금없이 수염까지 길게 자라나 있다. 1층 회랑에도 이것과 비슷한 조각이 있었다. 어느 성당에서도 보지 못한 희한한 그림이다. 이 그림에 얽힌 이야기를 한국에 돌아오고 나서야 찾아낼 수 있었다.

털 난 공주님

예수와 같은 모습으로 십자가에 못 박혀 있던 사람은 포르투갈이 이슬람 세력 하에 있었던 시절의 어느 공주였다고 한다. 왕은 공주에게 이웃 왕실의 무슬림 왕자과 결혼하라고 명했지만, 독실한 기독교도였던 공주는 그와 결혼하고 싶지 않았다. 결혼식을 앞당기지 말아 달라고 호소하다 끝내 지하 감옥에 간 공주는 신에게 왕자가 자신에게 혐오감을 느끼도록 해달라고 빌었고, 신은 밤사이 공주의 하관에 멋들어진 수염을 달아주는 것으로 응답했다. 결국 왕자가 파혼을 선언하자 왕은 분노하여 자신의 딸을 예수처럼 십자가형에 처하라는 명을 내렸다.[1]

이 공주는 성인으로 추앙되어 '용감한 여성'이라는 뜻을 가진 윌게포르티스St· Wilgefortis라는 이름을 얻었고, 사람들은 이 성인이 가정폭력으로부터 여성들을 수호해준다고 믿는다. 공주와 왕자가 믿는 종교가 각각 기독교와 이슬람교라는 데에서 승자의 시선에서 쓰인 역사라는 생각을 지울 수는 없지만, 예나 지금이나 가부장제 하에서 폭력과 학대를 당하는 여성들이 구원을 필요로 한다는 것은 사실이다.

솔직히 말하자면 성 윌게포르티스의 그림을 처음 보았을 때 나온 말은, 바로 "남자야, 여자야?"였다. 실제로 짧은 머리에 화장을 하지 않은 내가 공중화

---

1 Saint Wilgefortis: The "Brave Virgin" with a Beard from God : https://historycollection.com/saint-wilgefortis-the-brave-virgin-with-a-beard/

장실에 갈 때 가장 많이 듣는 말이기도 하다. 2017년 2월에 짧게 자른 머리를 현재까지 유지하고 있다. 처음에는 여성 아나운서들이 많이 하는 숏컷에서 시작했는데 귀 주변이 성가셔서 아래 머리를 민 투블럭을 했다가, 여행 가서 이발관을 잘못 선택하는 바람에 스포츠 머리까지 짧아졌고, 지금은 상고머리와 투블럭을 오가는 중이다. 화장까지 지운 것은 머리를 자른 때로부터 1년이 지나고, 인스타그램과 트위터에서 '탈코르셋Off the Corset' 운동을 접한 이후였다.

결혼으로부터 스스로를 보호하기 위해 남성의 신체적 특징인 수염이 자라게 했다는 전설은 바로 이 탈코르셋을 연상케 한다. 성 윌게포르티스가 수염을 더해 왕자와의 결혼을 피할 수 있었다면, 탈코르셋은 사회적인 여성성, 즉 화장과 긴 머리, 네일아트, 브래지어, 사탕 껍질 같은 옷을 버려 여성에게만 더 가혹하게 이뤄지는 사회적 억압과 검열에서 스스로 벗어나려고 한다. 사회적 코르셋에서 '용감하게' 벗어난 여성들은 스스로 존엄한 인격을 가진 인간이라는 것을 깨닫고 누군가의 인형이나 트로피나 자궁, 혹은 성적 대상으로 존재하기를 거부한다. 가장 개인적이면서도 가장 사회적인 이 운동은 2021년 세계로 번져서 일본(#日韓脱コル展示), 브라질(#TireOEspartilho), 이탈리아(#RigettaIlCorsetto)에서도 활발히 인증 사진이 올라오고 있다.

추운 비바람 속
맥주 한 잔을 찾아서

내가 아는 도시 중 가장 바람이 강하게 부는 도시는 바로 미국 시카고였다. 얼마나 바람이 많이 불었으면 온갖 관광 엽서에 적힌 명칭이 '바람 부는 도시 Windy City'였을까. 암스테르담에 처음 도착한 날 저녁, 시카고로 돌아온 것 같은 기분을 느꼈다. 열차에서 내려 페리를 타고 강을 건너 숙소로 가야 한다는 사실도 당황스러웠는데, 갑판에서 하도 바람을 많이 맞아 두 뺨이 얼얼하기까지 했다. 암스테르담에 왜 바람에 대한 별명이 없는지 의아했다. 네덜란드를 풍차국이라고 부를 때부터, 혹은 기차를 타고 오는 길에 풍력발전소가 많은 걸 봤을 때부터 눈치챘어야 했다.

정신없이 짐을 풀고 자고 일어난 후에 아침식사를 하고 잠시 로비에 앉아 계획을 세운 후에 밖으로 나왔다. 페리를 타고 다시 강을 건너 암스테르담 중앙역을 지나 시내로 들어왔다. 아침에 보는 암스테르담 중앙역은 밤과는 판이하게 달랐다. 북쪽은 현대적인 디자인의 유리 건물인 반면, 남쪽은 네덜란드 건축 역사상 중요한 가치를 지닌 오래된 유적이다. 트램 티켓을 끊을까 걸을까 한참을 고민하다가 그냥 걷기로 했다. 곧 바람과 추위 때문에 후회했지만 말이다. 추위를 피하려 중간중간 기념품점과 서점과 가게에 들어가 구경했다. 기념품점에 들어가면 이 도시에서 뭐가 유명한지 알 수 있고, 서점에 들어가면 사람들의 관심사를 알 수 있으며, 마트에 들어가면 뭘 먹고 사는지 알 수 있다. 길가 카페에서 차 한 잔을 주문했다. 무뚝뚝한 주인이 립톤 레몬홍차에 설탕을 넣어줬다. 몸이 데워지는 맛이다.

하이네켄 박물관

40분 거리를 1시간 넘게 걸어 하이네켄 박물관Heineken Experience에 도착했다. 열 시 반 투어를 예매하고 열 시 조금 넘어 도착했는데, 이미 많은 사람들이 밖에 기다리고 있었다. 투어에 앞서 박물관에 대한 설명을 들었다. 해당 박물관 인근에 초기 하이네켄 공장이 있었고, 몇 년 후에 박물관 건물로 이사했다고 한다. 하이네켄의 두 번째 공장인 셈이다. 현재 박물관에서 맥주 생산은 하고 있지 않지만 최초로 대형 설비로 생산을 한 건물이라 팔지 않고 박물관으로 개조하여 보존하고 있다고 한다.

투어는 관광지답고 조금 유치했지만 꽤 재밌었다. 하이네켄의 역사, 맥주가 만들어지는 과정, 실제 맥주 생산 설비를 보여준 후, 관광객이 맥주가 된 것처럼 체험할 수 있도록 꾸며두었다. 일종의 VR 체험인데 방을 옮겨 다니며 체험하게 하고, 바닥부터 벽, 천장까지 모두 화면을 설치하여 공정을 보여준다. 물, 보리, 홉이 합쳐지고 이스트로 발효가 일어나 맥주가 28일 만에 완성되고 병입 후 세계로 뻗어나가는 과정이 끝나고 문이 열리면 맥주 시식 장소가 있다. 작은 맥주 한 잔씩 나눠주고 네덜란드어로 함께 건배^{Proost}!를 외쳤다.

바닥부터 천장까지 하이네켄으로 생생한 공장

스포츠와 관련된 자료실과 병입 과정을 보여주는 전시를 지나면 마지막으로 펍이 나온다. 입구에서 입장권 대신 받은 초록색 팔찌에 둥근 플라스틱 토큰 두 개가 붙어있는데, 이걸로 펍에서 무료 맥주 두 잔을 마실 수 있다. 안주가 없어서 아쉬웠지만 잠시 자리에 서서 천천히 맥주를 마셨다. 추운 날씨에 맥주까지 마시니 따뜻한 게 먹고 싶어 하이네켄 펍의 직원에게 네덜란드 전통 음식 식당을 소개받았다.

매서운 비바람이 몰아치는 암스테르담 거리로 다시 나왔다. 식당은 박물관에서 걸어서 10분 거리에 있다. 각종 세계 음식으로 가득한 거리를 지나 식당에 들어가 네덜란드 요리 세 가지를 맛볼 수 있는 코스로 주문했다. 첫 번째로 나온 것은 콩과 각종 야채와 햄을 넣고 뭉근하게 끓인 수프였다. 작은 쿠키 크기의 빵 위에 훈제 베이컨을 올린 것이 곁들여 나왔는데, 따뜻한 수프에 적셔 먹으니 속이 뜨끈해진다. 두 번째로 나온 것은 삶아서 으깬 감자 위에 오랜 시간 고아 부드러워진 고기를 얹은 메인 요리이다. 포크만 대도 살살

녹는 고기를 감자와 함께 떠서 소스
를 찍어먹었다. 메인 요리까지 해치
우니 배가 불러왔다. 매니저가 와서
디저트를 위한 작은 공간을 위에 남
겨두었는지 묻길래, 당연히 그 정도
는 늘 남겨둔다고 대답했다. 디저트
는 요거트와 커스터드 크림 위에 휘
핑크림과 딸기, 그리고 라즈베리 소
스를 올린 것이다. 아는 맛이고, 알
다시피 맛있다. 디저트를 마치고 여
행책을 보고 있으니 차나 커피를 서
비스로 주겠다고 한다. 싹싹한 청년
이다. 뜨거운 물과 차 세트를 통째로
갖다 주고 골라먹으라고 해서 얼그
레이 티를 골랐다.

스프, 스테이크, 디저트로 이어지는
3코스 요리

암스테르담의 건축가들

한결 가뿐하고 따뜻해져 다시 걷기 시작했다. 여전히 바람에 비가 섞여 몸
을 밀어낸다. 바람에 몇 번이고 뒤집어지면서도 망가지지 않는 우산이 고맙
다. 비가 잦아들면 우산을 접고, 빗줄기가 굵어지면 다시 폈다. 운하와 거리를

구경하며 해변까지 가서 과학박물관을 지나 건축 자료실이 있는 암스테르담 건축 센터[Arcam]에 도착했다. 암스테르담 현대 건축물의 모델, 도면, 설명 등 아카이브가 전시되어 있고, 각종 건축 자료집도 판매한다. 전시관 아래층에는 세미나실이 있어 건축 관련 강의가 종종 있고, 위층에는 설계사무실이 있다.

암스테르담 건축 센터(ARCAM)

여행자에게 네덜란드의 이미지는 튤립, 풍차, 혹은 서로 다닥다닥 붙은 운하 주택일 것이다. 건축가들에게 네덜란드의 이미지는 튤립의 색만큼이나 풍요로운 색채를 가진 현대건축이다. 네덜란드에서 가장 멋진 현대건축으로 가득 찬 도시, 로테르담에서 태어나 그곳에서 설계사무실을 운영하고 있는 건축가 렘 쿨하스는 채도가 높은 과감한 색상을 즐겨 쓴다. 그는 『건축가는 왜 검은색 옷을 입나요?』라는 재밌는 인터뷰 책[1]에서 "나는 절대 검은색 옷을 입

1 Cordula Rau, 『Why Do Architects Wear Black?』, 2008

지 않는다^{I never wear black}"고 대답할 정도다(우리가 아는 건축가들의 모습을 잠시 떠올려 보자. 머리부터 발끝까지 검정색 옷에 머리는 빡빡이, 뽀글이, 단발머리 셋 중 하나다).

암스테르담 건축센터에서는 렘 쿨하스를 비롯해 네덜란드를 대표하는 건축가들의 책과 작품 사진, 그리고 최근에 지어지고 있는 건축물에 대한 자료를 찾아볼 수 있다. 만약 건축사진집이나 모형에 관심이 있다면 들러볼 만하다.

건축센터에서 나와 다리를 건너 도서관으로 향했다. 다리에서는 정말로 몸이 바람에 뜨는 기분이다. 해가 저물어갈수록 시내의 불빛이 반짝이며 퍼져나간다. OBA 도서관은 멀리서도 위용을 자랑했다. 로비에 서면 아래로는 어린이 도서관이 보이고, 위로는 카페와 잡지 자료실이 보인다. 에스컬레이터를 타고 올라가니 몇 층에 걸쳐 도서자료실이 있다. 편히 앉을 수 있는 소파와 벤

OBA 도서관

시카고에 있는 일리노이 공대 IIT의 학생회관 건물의 창문. 렘 쿨하스가 설계했다.
밖으로 향한 창문에 시트지를 붙여 강렬한 주황색이 복도를 비춘다.

치, 노트북 작업을 할 수 있는 테이블이 많아 시민들이 자리를 채우고 있다. 가장 마음에 드는 자리는 에스컬레이터를 바라보고 빙 둘러 있는 테이블이었다. 이 도시에 산다면 종종 찾아와 이곳에 앉아 글을 쓸 터였다. 맨 위층에는 식당과 카페가 있고, 테라스로 나가면 시내를 내려다볼 수 있다. 강풍에 떠밀려 30초도 채 되지 않아 실내로 다시 들어와 따뜻하고 푹신한 소파에 몸을 묻었다가 가까스로 빠져나왔다. 도시에 누구나 접근할 수 있는 이런 공간이 있다는 것은 정말로 큰 축복이다.

OBA 도서관. 산책 겸 노트북만 끼고 나와 건물을 내려다보며 글 쓰기 좋은 자리다.

ep#6

시민의, 시민에 의한,
시민을 위한 도서관

스트라호프 수도원의 화려한 도서관과 암스테르담의 OBA 도서관을 이야기하자니, 이 도시의 도서관도 빼놓을 수 없다. 여행을 떠나기 몇 주 전, 친구의 SNS 계정에서 사진 한 장을 보았다. 2018년에 국제도서관협회 연맹IFLA에서 세계 최고의 공공도서관으로 선정한 School7이다. 이름도 생소한 덴 헬더 Den Helder라는 도시에 있다고 했다. 건립 과정과 결과물이 흥미로워 여행을 떠나는 김에 꼭 한 번 방문해 보겠다며 노트에 적어두었다.

암스테르담에서 기차로 한 시간 반 정도 걸려 도착하는 덴 헬더는 삼면이 북해로 둘러싸여 있는 반도 형태의 작은 도시다. 도서관은 기차역에서 걸어서 10분 거리에 있다. 바로 옆에는 내항이 있는데, 여기에는 수상구조 박물관의 구조선들과 영화 〈캐리비안의 해적〉에 나왔던 배가 전시돼 있다.

School 도서관

도서관에 들어가면서 가장 먼저 보이는 것은 노란색으로 칠한 철골 구조물과 그 옆에 붙어 있는 벽돌이다. School7은 옛날 학교 건물을 개조하여 도서관으로 만든 곳이다. 기존 건축물을 감싸는 형태로 새로운 건물이 지어졌다. 건축가가 옛 학교의 벽돌과 지붕의 형태를 최대한 활용하고자 한 노력이 보였다.

노란색 철골 구조물을 지나면 2.5층 높이의 홀이 나온다. 홀에 있는 스탠드를 오르면 잡지와 신문을 읽는 공간이 나오고, 반 층 더 오르면 카페가 있다. 카푸치노 한 잔과 애플파이 하나를 주문하고 카페 주인과 잠시 이야기를 나눴다. 누가 봐도 외지인인 이 동양인이 궁금했던 모양이다. 한국에서 온 건축가라고 소개하고, 이 도서관을 보기 위해 도시를 방문했다고 했다. 잠시 후 커피를 반쯤 마셨을 때 카페 주인에게 이야기를 들은 도서관 직원이 공간을 소개해주겠다며 나를 찾아왔다. 눈과 입으로 시원시원하게 웃으시던 이 분은 도서관의 PR 및 커뮤니케이션 담당인 아니타 Anita Ruder였다.

아니타는 도서관의 이곳저곳을 데리고 다니며 공간과 역사에 대해 소개했다. 2차 세계대전으로 덴 헬더는 도시의 대부분이 파괴되었고, 옛 학교 건물은 얼마 남지 않은 역사적인 건물 중 하나였다. 학교가 폐교되고 나서 예술가들이 무단으로 들어와 작업실로 쓰다가 건물이 너무 낡아 떠나고, 몇 년 동안 빈 건물인 상태였다. 건물을 도서관으로 개조하고자 하니 유적을 보존하기 위해 많은 반대가 있었다고 한다.

마침 덴 헬더 도심을 재생하기 위한 프로젝트가 진행되었다. 시청과 항구를 남북으로 잇는 녹지축을 만드는 것이 그 시작이었다. 기차역에서 도서관으로 오는 길에 상점이 양쪽으로 가득한 널찍한 거리가 있는데, 이는 도시의 동서를 연결하는 축이며 축 한가운데에 도서관이 있다. 도서관의 신축 부분은

옛 학교의 모양을 최대한 살린 내부

이 배치를 고려하여 양쪽에서 각각 상점가와 항구가 보이도록 큰 창을 내었다.

로테르담에서 온 여성 건축가인 에블린 반 빈Evelien van Veen이 옛 학교를 도서관으로 개조하는 작업을 맡았다. 설계 과정에서 건물의 주인과 세입자인 도서관이 모두 참여하여 의견을 개진할 수 있었다고 한다. 실제로 건물은 실제 사용자인 도서관의 의견을 충분히 반영한 흔적들이 곳곳에 보인다. 네덜란드 전통대로 창가마다 턱을 두어 앉아서 책을 읽을 수 있게 하고, 중앙 홀뿐만 아니라 강당과 교실 등 여러 사람이 모일 수 있는 공간을 곳곳에 마련해 두었다. 심지어 아니타가 이탈리아에 가서 본 펠트 재질의 노트북 의자도 같은 제품을 찾아냈다고 한다. 책은 무게가 많이 나가기 때문에 구조적으로 안전한 도서관의 신축 부분에 서고를 만들고, 옛 학교 부분에는 카페와 강당, 사무실, 이민자 언어교실 등 사람들이 모이는 공간을 만들었다.

도시의 사랑방

디자인이 훌륭한 도서관이 세워지자 많은 이들이 공간에 감명을 받아 자신이 가진 것을 나누려고 찾아왔다. 한 사진작가는 도서관에 대한 글을 읽고 찾아와 신축 부분의 1층에서 3층까지 잇는 벽면에 걸 수 있도록 작품을 기증하였다. 자신의 인생에 영향을 주었던 책을 들고 직접 찍은 사진들이다. 자원봉사자를 구하는 홈페이지 게시물에는 3일간 50명이 지원하여 황급히 글을 내리기도 했다고 한다. 디자인의 힘을 실감할 수 있는 부분이다.

도서관에는 재미있는 공간들이 많다. 2층에는 빼꼼 튀어나와 유리 난간을 두른 작은 테라스가 있어 홀의 스탠드를 내려다보도록 되어 있다. 시민들은 이 테라스를 로미오와 줄리엣 테라스라고 부른다. 며칠 전 오페라 가수가 와서 테라스에 서서 공연을 하고, 어린이들과 지역 주민들이 스탠드에 모여 앉아 공연

을 감상했다고 한다. 가장 맘에 드는 공간은 옛 화장실을 개조하여 만든 개인

석이다. 귀여운 타일이 그대로 붙어 있고, 편안한 빈백이 자리마다 놓여 있다.

로미에와 줄리엣 난간, 화장실을 개조한 개인석, 서가 공간.

카페와 연결된 커다란 강당은 계단식 좌석이 놓여 있고, 맞은편 커다란 창에서는 항구를 조망할 수 있다. 좌석은 아래에서부터 위까지 그라데이션으로 배색되어 있어 올라갈수록 색이 어두워진다. 좌석에 앉은 사람의 수가 적어도 앞에 모여 앉으면 뒤쪽 좌석이 어두워서 잘 보이지 않기 때문에 자리가 가득 차 보인다는 것이다. 인테리어 디자이너의 세심함이 느껴지는 부분이다. 강당에서는 강연이나 요가 교실, 영화 감상회, 심지어 결혼식까지 열린다고 한다. 좌석 위쪽은 사무실로 통해 있는데, 신부가 사무실에서 나와 계단을 내려오며 입장한단다.

도서관 측의 배려로 사무실도 구경할 수 있었다. 생각보다 넓은 공간이었다. 사무실의 절반은 옛 건물에, 나머지 절반은 신축 부분에 걸쳐져 있다. 벽면과 지붕 등 옛 건물의 흔적을 남겨놓았다. 덴 헬더가 속해있는 지역에 총 18개의 도서관이 있는데, 지역 도서관을 총괄하는 사무실이 이곳에 있어 넓은 공간이 필요했다고 한다.

사무실 한켠에는 도서관장실이 있다. 관장님께서 밝은 미소로 환대해주신 이곳은 옛 건물의 꼭대기에 있어 벽면 아랫쪽으로 뻐꾸기창이 뚫려 있는데, 그 앞에 낮은 쇼파와 테이블을 두어 생각을 정리할 수 있는 공간을 만들었다. 관장실에서 이어지는 방에도 회의실이 하나 있는데, 사무실 사람들이 쓰기도 하고 지역 주민들이 회의할 공간이 필요할 때 대여하기도 한다.

역사와 그 역사를 함께해 온 사람들

꼭대기까지 모두 구경하고 1층으로 내려갔다. 공간 한편에 커다란 터치형 스크린과 오래된 사진이 있다. 스크린에서는 덴 헬더의 역사를 볼 수 있는데, 이 자료는 덴 헬더 역사관에서 관리해주고 있다고 한다. 사진은 100년 전 학교를 처음 지었을 때의 모습이다. 도서관 곳곳에 사진을 프린팅 한 러그가 깔려 있는데, 해당 지역의 옛 모습을 인쇄한 것이다. 가장 안쪽 공간에는 어르신 자원봉사자들이 있는 방이 있는데, 옛날 자료를 스캔하고 저장할 수 있도록 컴퓨터와 스캐너 등이 설치되어 있다. 그 옆 창고에는 역사 아카이브가 있다. 그 누구도 아닌 역사의 당사자들이 관리하는만큼, 도서관 이용자들은 언제 찾아와도 자료를 가장 잘 이해하는 사람들의 안내를 받을 수 있다.

도서관을 처음 지을 때의 콘셉트가 지역의 거실이 될 수 있는 공간을 만드는 것이었다고 한다. 지금은 누구든 찾아와 일하고 이야기 나누고 공부하고 시간을 보내니 훌륭히 그 역할을 해내고 있다고 할 수 있다. 공공건축을 소중히 생각하는 네덜란드 사람들의 지혜와 역사에 대한 자부심, 그리고 사용자를 세심히 고려한 디자이너들의 마인드를 엿볼 수 있는 소중한 경험이었다. 시간을 내어 도서관에 대해 열정적으로 설명해주신 아니타에게도 다시 한번 감사하다는 말씀을 드리고 싶다.

유럽을 반 바퀴쯤 돌고 스페인에서 도착해서 플라멩코 공연을 볼 때 우연히 네덜란드 청년과 옆자리에 앉았다. 네덜란드에서 어느 도시를 가보았냐고 묻길래 암스테르담, 로테르담, 그리고 덴 헬더에 가보았다고 했더니 놀라워했다. 덴 헬더가 워낙 작은 도시라 갈 이유가 두 가지밖에 없다는 것이다. 해군에 입대하려는 것이거나, 멍청해서거나. 그래서 말해주었다. School7이라는 이름의 세계에서 가장 멋진 공공도서관이 덴 헬더에 있으니 꼭 한번 가보라고 말이다.

[신께 닿고자 하늘 높이 쌓아올린 성당]

Templo Expiatorio de la Sagrada Familia ✛ 2019.4.16.

종탑을 오르는 것도 수도의 일부일까

세비아 대성당
Sevilla, Spain

우리는 성당과 집을 어떻게 구분할 수 있을까? 건물 밖에서 외관을 봤을 때, 높이만으로는 초고층 아파트와 고딕 성당을 구분할 수 없을 것이고, 부피만으로는 대저택과 성당을 구분할 수 없을 것이다. 십자가가 올라가 있는 첨탑 정도가 성당임을 보여준다. 내부로 들어가면 조금 더 구분이 쉬워진다.

주택은 사람이 생활하기 편하도록 키, 팔다리 길이, 허리 높이 등에 맞춰 공간과 가구를 구성한다. 이렇게 사람에 맞춘 사이즈를 건축가 르 코르뷔지에는 '휴먼 스케일'이라고 부르며, 더 나아가 주택을 '사람이 들어가서 살 수 있도록 만들어진 기계'라고 정의했다. 우리가 지금 생활하는 방과 거실의 천장, 일상적으로 쓰는 세면대, 싱크대, 책상, 의자, 침대 등은 대체로 모듈화되어 같은 높이와 사이즈로 시장에 공급된다. 그러니 처음 가보는 집에서도 당황하지 않고 화장실과 주방과 거실을 쓸 수 있다.

성당은 주택과는 다르다. 기도를 위해 만든 의자와 제단은 사람의 크기를 따르지만, 공간 자체는 인간이 신을 위해 만든 공간이다. 종교가 곧 행정기관이고 정치이던 시대에 인간을 통치하기 위해서는 신의 권위를 빌려야 했으므로, 많은 이들을 한 번에 압도할 만한 공간이 필요했다. 고딕 양식의 성당이 정치권력 강화의 수단으로 지어졌다는 것을 고려하면, 성당을 지을 자금은 어렵지 않게 조달되었으리라. 많은 부가 집중되는 도시의 관광서일수록 화려하게 짓기 마련이다. 시민들은 성당에 모여 성가를 부르고 높은 공간을 타고 울리는 소리를 들으며 공동체에 속했다는 안도감을 느꼈을 것이다. 최근에 지어지는 성당들도 과거의 도식에 따라 천장은 가능한 높게, 종탑은 멀리서 잘 보이게 만든다.

지극히 건축인의 관점에서 성당을 바라보고 건축 과정을 상상하며 둘러보는 것은 꽤나 즐거운 일이다. 우리는 건축주와 땅과 이웃과 공무원과 법과 예산과 문화적 배경과 재료와 구조와 그 밖의 모든 것을 고려하여 디자인을 해야 하는 사람들이다. 개인 주택을 짓는 일도 수십 가지 문제가 발생하는데, 성당과 같이 수많은 이해당사자가 얽혀 있는 사업은 더 말할 것도 없다. 무사히 지어져 수백 년을 버틴 건축물 안에는 수천 가지의 이야기가 숨어 있다.

고개를 아래에서 위로, 왼쪽 끝에서 오른쪽 끝으로

거대한 세비아 대성당

　세비아 대성당에 방문한 것은 웬만한 성당은 다 봤다고 생각한 이후였다. 큰 성당, 작은 성당, 화려한 성당, 스테인드글라스가 예쁜 성당, 그리고 근대 건축가가 지은 독특한 매력의 성당까지. 여행의 끝물에 기대치가 한껏 낮아진 상태에서 들어간 성당은, 사물놀이 상모를 쓴 듯 정신없이 고개를 돌리게 만

천장의 장식을 보면 공간의 위계를 짐작할 수 있다.

드는 곳이었다. 기둥 하나를 보려고 해도 고개를 아래에서부터 위로 들면서 보아야 했고, 벽면 하나를 보려고 해도 고개를 왼쪽 끝에서 오른쪽 끝까지 돌려야 했다. 도무지 한 풍경이 한 시야 안에 잡히지 않을 정도로 거대한 공간이다.

기둥 둘레가 다른 성당의 두 배는 되어 보인다. 우람한 기둥 위로 끝없이 높은 천정이 있다. 사방으로는 기둥과 벽 사이에 십자가와 성물이 있고, 가운데에는 파이프오르간과 미사를 올리는 공간이 있다. 공간의 위계는 천장의 장식으로 가늠할 수 있다. 가장 중요한 가운데 공간 천정 볼트는 석재를 양각으로 화려하게 치장했고, 그 주변으로는 민무늬다.

이런 오래된 성당들은 으레 묘지의 역할도 함께 수행하고 있다. 성당 한편에는 아시아로 가려고 대서양을 횡단하다가 유럽에서 미대륙으로 가는 항로를 개척한 탐험가 콜럼버스의 묘가 있다. 금속으로 만든 네 사람이 그의 관을들고 있다. 동상은 옷소매 하나까지 금속으로 정교하게 만들어져 있다. 살아서 세계를 떠돌던 이탈리아 출신의 탐험가는 죽어서도 타의에 의해 이곳저곳을 떠돌다 이곳에서 간신히 평안을 되찾을 수 있었다.

넓은 천장을 받치는 만큼
큰 기둥이 필요하다.

콜럼버스의 묘. 모로 가서 서울로는 못 갔지만
어쨌든 미대륙으로는 갔다.

성당 종탑인 히랄다 탑은 이슬람교 양식으로 지어진 탑이다. 긴 줄을 따라 천천히 걸어 올라갔다. 네모난 탑 모양에 맞춰 코너마다 참이 있고, 벽면을 따라 경사로가 조성되어 있다. 사방으로 창이 뚫려 도시를 모든 방향으로 내려다볼 수 있다. 가운데 공간은 박물관으로 쓰이고 있다. 종, 기계장치 등이 층마다 전시되어 오르는 길을 함께한다. 널찍했던 창이 어느 순간 가로로 좁아지는 것을 보고 정상에 거의 다다랐다는 것을 알 수 있었다. 꼭대기 탑에 다다른 순간 강한 바람이 안면을 강타했다. 머리 위로 종이 흔들리고, 사방으로 뚫려 있어 난간마다 사진 찍는 관광객들이 매달려 있다. 뒤에 서서 순서를 기다린 끝에 난간 앞에 서서 셔터를 눌러댔다. 광장의 사람, 도로의 자동차, 테라스의 차양이 장난감처럼 느껴진다. 성당 중정에 꾸민 정원에는 바둑판처럼 일정한 간격으로 오렌지 나무를 심어놓았다.

히랄다 탑 위에서 내려다본 풍경. 난간마다 매달려 사진을 찍는 관광객들 위로 종이 울린다.

탑 위에서는 성당의 지붕 구조도 내려다보인다. 볼트 모양이 지붕 위로도 고스란히 드러나 있다. 구조와 건물의 형태가 일치하던 시대의 건축이다. 재밌는 것은, 과거의 건축 양식을 비슷하게 흉내 낸 현대의 건축물은 겉모습은 비슷할지언정 구조는 완전히 다르다는 점이다. 벽돌과 석재를 한 장 한 장 쌓아 만들었던 과거의 성당과 달리 현대에는 철근 콘크리트로 구조물을 짓고 그 표면 위에 벽돌을 한 겹 더 쌓아 모양을 내거나, 심지어는 벽돌 타일이나 대리석 타일로 얇게 감싸는 방식을 택한다. 기술의 발전으로 건설 단가와 시공 기간이 많이 단축되었지만, 콘크리트 성형 기술이 발전한 만큼 솜씨 좋은 벽돌공의 수는 오히려 줄어들었다. 아낌없이 재료를 넣어 직접 육수를 뽑아내던 식당이 줄고 대용량의 인스턴트 육수를 사용하는 집이 늘어난 기분이긴 하지만, 언제나 예산을 고려해야 하는 현장에서는 어쩔 수 없는 일이다.

디자이너들은 과거의 기술을 흉내 낸 가짜를 만들어내기보다 현대의 기술을 사용하여 새로운 디자인을 뽑아내려고 노력한다. 노출 콘크리트도 그 노력 중 일부다. 재료의 물성 자체를 살리려는 것이다. 벽돌이 벽돌다웠을 시절처럼, 콘크리트의 실제 질감과 온도를 살려 디자인한다. 칼라트라바가 설계한 리스본 중앙역에서 그 맛을 느낄 수 있다. 과거의 건축가들이 벽돌의 한계를 넘어선 건물을 지었듯이, 현대의 건축가들은 콘크리트의 한계를 실험하고 있다. 심지어 3D 프린팅 기술이 발전하면서 콘크리트 위를 덮을 금속, 패브릭, 세라믹, 유리 등의 재료가 눈에 띄게 다양해졌다. 과거의 기술에 감탄하면서도 미래로 성큼 다가선 기술이 어떤 결과물을 만들어낼지 설레게 된다.

칼라트라바가 설계한 또다른 작품, 리스본 중앙역. 콘크리트의 물성이 잘 드러난다.

세비아 대성당(Catedral de Sevilla)은 유럽에서 세 번째로 큰 성당이고, 고딕 양식으로는 가장 큰 성당이다. 직접 방문해서 표를 끊으려면 긴 줄을 기다려야 하고, 중간에 새치기가 많아 무한정 기다려야 한다. 온라인으로 미리 표를 사면 줄을 서지 않고 바로 들어갈 수 있다.

입장 시간 : 월-토 10:45~17:00, 일 15:30~17:00
입장료 : €10 (세비아 대성당+종탑+살바도르 성당)
찾아가는 길

세비아 중앙역	25분		20분	세비아 대성당
Sevilla Santa Justa	도보	또는	21번 트램	Catedral de Sevilla

02

완공되면 다시 갈게요

사그라다 파밀리아
Barcelona, Spain

건축가 안토니오 가우디의 인생의 역작 사그라다 파밀리아^{성 가족 성당, Sagrada}
Familia를 소개하고 싶은데, 실은 실외와 지하 예배당만 방문한 반쪽짜리 소개
다. 성수기를 피해서 유럽 여행을 한다고 봄에 떠난 것인데 하필 내가 스페인
을 찾은 때는 부활절 주간으로, 전 세계에서 바르셀로나를 찾아온 관광객이 몰
려드는 시점이었다. 한국의 성수기만 고려한 패착이었다. 인터넷으로 열흘 전
에만 예약했어도 들어갈 수 있었는데, 여유를 만끽하면서 예약을 게을리한 무
계획 여행자는 도저히 표를 구할 수 없었다.

한국 여행사에서 진행하는 가우디 투어라도 예약해볼까 하다가 바글거리

사그라다 파밀리아 윗면. 아직은 사진에 크레인이 함께 찍히지만
언젠가는 청명한 하늘만을 배경으로 찍을 수 있을 것이다.

는 단체관광객의 틈바구니에 낄 생각을 하니 상상만으로도 끔찍해 셀프 가우디 투어를 하기로 했다. 성당은 아홉 시에 연다고 하니, 여덟 시까지 도착하면 표를 살 기회가 있을지도 모른다는 생각에 서둘러 지하철에 올랐다.

역에서 내려 성당을 찾으려 몸을 반 바퀴 돌리자, 와! 하고 감탄사가 절로 나왔다. 직선이라고는 보이지 않을 정도로 구불거리는 선으로 가득한 성당이 시야를 가득 메운다. 세월에 바랜 듯한 어두운 색채의 전면부와 아이보리 색깔로 깨끗한 옆면이 명암을 이루고 있다. 정면을 바라보고 왼쪽으로 반 바퀴 돌아 매표소를 찾았다. 성당이 어찌나 큰지 한참을 걸어서야 간신히 도착할 수 있었다. 간이건물 앞에서 자그마한 키에 사막 색의 하이킹 신발을 신은 사람이 보안 직원에게 뭐라 이야기를 한참 하더니 벽에 기대서 앉는 것이 보였다. 눈치를 보아하니 매표소에 제일 먼저 도착한 사람이다. 슬쩍 물어보니 역시나 줄 선 게 맞다고 해서 옆에 나란히 앉았다. 우리 뒤로 몇 명이 더 앉기 시작했다.

성당이 열기까지는 한 시간가량 남길래 말을 걸어보았다. 미국 중부에서 온 학생이라고 한다. 어제도 혹시나 해서 오픈 시간 한 시간 반 전에 도착해서 기다렸는데, 표가 모두 팔려 결국 돌아갔다고 한다. 이 날이 마지막 날이라 밑져야 본전이라는 생각으로 다시 와서 기다리고 있었단다. 신기하게도 나와 출국 일자와 여행 기간이 비슷했다. 서로 어디를 갔는지, 뭐가 좋았는지 한참을 조잘거렸다. 바르셀로나에서 관광할만한 곳을 몇 군데 추천받고, 곧 방문할 예정이라는 체코 프라하의 맛집을 두어 군데 알려주었다.

가우디가 잠든 지하 예배당

철창 너머에서 들리는 소리에 흠칫흠칫 놀라며 뒤돌기를 몇 차례, 결국 직원이 한 명 나오더니 오늘 표가 다 팔려서 들어갈 수 없다고 알렸다. 아쉬운 마음에 돌아가려는데, 이 친구가 지하 예배당은 무료로 볼 수 있다고 했다. 함께 들어가 서로 사진을 찍어주고 구석구석을 살폈다. 본당에 못 들어가게 하니 괜히 다른 부분을 더 자세히 보게 된다. 지하 예배당에서도 가우디 특유의 독특한 디자인을 찾을 수 있었다. 바닥에 깔린 모자이크 타일이며, 기둥에 장식된 조각이며, 트램에 치여 숨졌다는 천재 건축가 가우디의 무덤까지. 나오는 길에 본당과 연결된 문에 뚫린 창에 카메라를 대고 아쉬운 마음을 담아 셔터를 눌렀다. 창을 통해 보아도 이렇게 멋진데, 실제로 들어가면 얼마나 더 멋질까.

성당에 못 들어간 대신 지하예배당으로 향했다.

다시 성당을 반 바퀴 돌아 나가면서 겉모습도 하나하나 뜯어보았다. 아까 지나가면서는 급해서 보지 못했는데, 멋들어진 장식 위에 과일이 하나씩 얹어져 있다. 포도, 바나나, 옥수수에 사과까지. 성당 전면에서 보이는 새로 지은 부분에도 어김없이 과일이 올라가 있다. 자연의 모습에서 영감을 얻어 디자인을 했다는데, 실제 과일 모양을 그대로 올려두었을 줄은 몰랐다. 아쉬운 마음을 듬뿍 담아 성당 전면에서 친구와 서로의 사진을 찍어주고 훗날을 기약하기로 했다. 가우디 사망 100주년인 2026년에 완공 예정이라고 하니, 완공 후에 한 번쯤은 다시 바르셀로나를 찾지 않을까.

지하 예배당에서도 가우디의 독특한 느낌을 찾을 수 있다.
아쉬운대로 나오던 길의 창 너머 보이는 성당 안쪽을 찍었다.

첨탑마다 포도, 바나나, 옥수수와 사과가 주렁주렁 매달려 있다.

사그라다 파밀리아 관광을 실패하고 찾아간 카사 밀라와 카사 바트요에서 수많은 인파와 비싼 입장료(바르셀로나는 정말 가우디로 먹고 사는구나?)에 튕겨져 나간 이후, 정처 없이 거리를 방황하다가 카사 빈센트를 찾았다. 유명한 관광지의 유명세에는 이유가 있는 법이지만, 그게 꼭 가야 할 이유가 되지는 않는다. 여행은 새로운 것을 발견하기 위해 가는 것이다. 오히려 남들이 보지 못한 곳에 갈수록 재밌는 아이디어를 발견할 가능성이 높다.

카사 빈센트 주변은 다른 관광지와는 다르게 거리가 한산하다. 매표소로 들어가니 앞에 두 명의 관람객이 대기 중이었다. 이 정도 인원이면 관람도 쾌적하게 할 수 있을 것 같아 일단 표를 사서 들어갔다. 카사 빈센트는 가우디가

카사 빈센트는 다른 가우디의 건물과 다르게 비교적 한산했다.

맨 처음으로 지은 주택 프로젝트이다. 다른 건축가의 보조로 담장이나 창문의 디테일을 그리던 경험을 토대로 이 주택을 디자인했다. 원래는 거대한 대지에 커다란 분수까지 있던 이 주택은 바르셀로나가 개발되고 과밀화되면서 땅이 나뉘었다. 그 결과 분수와 정원은 사라지고 현재의 주택만 남게 되었다. 현대에 와서 박물관으로 재단장하면서 가운데 나무를 심고 정원을 꾸미면서 원래의 취지를 다시 살리게 되었다고 한다.

카사 빈센트에는 구석구석 가우디의 손길이 닿지 않은 곳, 곡선이 아닌 곳이 없다.

주택은 입구에 들어서면서부터 장관이다. 어느 한 군데 건축가의 손길이 닿지 않은 곳이 없다. 바닥의 타일부터 벽면, 천장에 이르기까지 식물이나 꽃이 뒤덮고 있다. 그림 한 점마저 벽면과 꼭 어울리게 골랐다. 같은 디자인의 방이 없다. 모든 방이 각기 다른 색깔과 문양으로 가득하다.

주택이 그대로 남아있던 1층과 2층을 지나 3층으로 올라갔다. 계단에서조

차 직선이 없다. 부드럽게 곡선으로 삼각형을 이룬 계단의 곡선이 손에 착 감긴다. 3층에는 가우디에게 영향을 준 건축가와 그들의 주택이 전시되어 있는데, 건축과 수업 때 들었던 주택 몇 점도 컬렉션에 들어 있다. 섬세하게 색깔까지 살려 만든 모형 앞에 4개 국어로 설명이 쓰인 태블릿이 하나씩 놓여 있다. 이 방의 전시는 특별전으로, 주기적으로 교체된다고 한다. 다음 방은 어둡고 프로젝터와 의자가 놓여 있다. 주택을 설계 과정과 역사에 따른 변천사가 영상으로 흘러나온다. 4층으로 올라가니 연도에 따른 변화가 온통 희게 칠한 모델로 전시되어 있다. 처음 집이 지어진 1885년에 이 지역은 바르셀로나 외곽에 있었으나, 시간이 지나고 도시가 커지며 시내로 편입된 것이다. 그 전에는 한산했던 이 동네에 이토록 화려한 주택이 지어졌으니, 주민들은 얼마나 놀랐을까. 이때의 주택을 잠시 상상해보았다. 모형 옆에는 가우디가 직접 그린 도면이 전시되어 있다. 생각보다는 단순한 선으로 그려진 도면을 보면서, 디테일 도면도 분명 따로 있겠지만, 현장에서 조율된 부분도 많았을 것이라고 짐작해 보았다.

다시 계단을 올라 옥상에 올라갔다. 노란 꽃이 그려진 타일과 흰색, 초록색의 타일이 서로 엉켜 벽면을 감싸고 있다. 그 위로 아랍의 궁전을 연상시키는 꽃봉오리 모양의 탑 장식이 올라가 있다. 반짝반짝하게 유약을 발라 구운 초록색 기와가 햇빛에 빛난다. 가우디 최초로 사람이 올라갈 수 있게 만든 옥상이라고 한다. 탑 안에 들어가니 벽 사이로 이웃 건물의 모습이 보인다.

지하에는 기념품점이 있다. 둘러보다가 안쪽으로 들어가니 스크린이 설치되어 있다. 카사 빈센트의 복원 과정이 담겨 있다. 건축과 미술, 장식을 복원하는 모습이 차례로 지나간다. 과정을 보니 거의 새로 지은 꼴이다. 떨어진 장식을 새로 만들기 위해 본을 떠 석고로 만들고 칠하고, 구멍 난 그림은 복원하여 메우고, 등도 새로 만들어 달았다. 전시실로 쓰고 있는 3층 이상은 새로 냉난

방 장치를 설치하고 바닥에 콘크리트를 부었다. 옥상의 기와도 새로 구워 올렸다. 주택의 역사만큼이나 복원의 과정도 흥미진진했다.

색색의 타일이 엉켜 물든 벽면과 초록색 기와가 스페인의 햇살에 빛난다.

ep#7

해발 2,061미터에서 찾은 행복

영원히 끝날 것 같지 않은 오르막을 한발 한발 걸어 산을 올라본 사람은 누구나 정상에 다다른 느낌을 알 것이다. 나무가 가린 시야 너머로 해가 이만치 다가와 사방이 환하고, 누군가 "야호!"하고 소리를 지르고 웃고 떠드는 웅성거림이 가까워진다. 왜 사람들은 높은 곳으로 다가가고 싶어 할까? 높은 곳에는 무엇이 있기에 사람들을 이끄는 것일까?

원래는 등산을 좋아하지 않았던 나는 스위스에 가서야 산 정상에서의 순수한 기쁨을 온전히 느낄 수 있었다. 어쩌면 고통스럽게 오르는 과정 없이 편안하게 기차를 타고 올라서 그럴 수도 있다. 원래 불로소득이 달콤한 법이다. 고딕 양식의 성당을 지었던 사람들은 일상 속에서 하늘에 닿을 듯이 가까운 곳에 올라 신을 만나고 싶었을 것이다. 그들이 신앙을 느꼈던 높은 곳에서 나는 신 대신 행복을 만나고 왔다.

하늘에 가까이 닿은 봉우리

스위스에 온다면 융프라우를 한 번은 가보고 싶다고 생각했지만, 날씨 때문에 반은 포기하고 있었다. 전날 눈과 비가 쏟아지고, 이 날의 날씨도 하루 종일 흐릴 것이라고 일기예보에 떠 있었다. 흐린 날씨에 굳이 큰돈을 들여 그 산에 올라야 하나, 하는 회의적인 생각이 들었다. 융프라우행 산악열차는 유레일패스에 포함되어 있지 않고, 값이 무척 비싼 편이다.

함께 방을 쓴 친구는 중국인이었는데, 친구들과 역에서 합류하여 융프라우에 오른다고 했다. 이 친구가 일어나는 시간에 함께 눈을 떠서 날씨를 확인해보았다. 세상에나, 오전 11시부터 오후 5시까지 해가 쨍쨍할 것이라는 예보다! 이런 날씨

날씨가 좋다고 해서 푸르스름한 새벽을 건너 인터라켄으로 향했다.

라면 융프라우에 안 갈 이유가 없다. 서둘러 준비해서 방을 나섰다. 호스텔 로비에서 아침 식사를 해결하고 인터라켄 동역으로 갔다.

가져온 양말이 죄다 짧은 양말이라 춥고 바람 부는 산꼭대기 날씨를 감당할 수 없을 것 같았다. 융프라우로 올라가는 표를 끊고, 역 앞 마트에서 양말과 컵라면을 사서는 아슬아슬하게 열차에 올라탔다. 열차에서 바라보는 경치가 장관이다. 흰 만년설을 뒤집어쓴 산 밑으로 커다란 상록수가 빽빽이 들어차 있다. 전날 폭설이 쏟아져서 상록수도 잔디도 모두 흰 눈을 뒤집어쓰고 있다. 작은 구름 조각들이 안개처럼 정상을 감싸고 있다. 카메라가 풍경을 채 담지 못한다. 쏟아지는 햇살이 설경에 부서져 눈이 부시다.

융프라우로 올라가려면 열차를 두 번 갈아타고 올라가야 한다. 두 번째로 탄 열차에서 스키를 타러 올라가는 영국인 할머니와 미국인 할아버지를 만났다. 할머니

융프라우로 향하는 기차.
흰 눈을 잔뜩 뒤집어쓴 상록수와 만년설을 머리에 쓴 산이 펼쳐진다.

는 매해 혼자 스키를 타러 스위스에 온다고 한다. 할아버지는 스위스가 너무 좋아 부인과 함께 1년간 스위스에서 지내며 스키도 타고, 주변 나라도 여행한단다. 얼굴에 깊게 파인 주름에 건강과 즐거움이 여유롭게 배어 있어 참 부러웠다.

다시 열차를 갈아타고 정상으로 향했다. 전망대는 맨 꼭대기에 하나만 열려 있고 나머지는 눈이 쌓여 잠겨 있었다. 밖으로 나가는 길도 닫혔다고 한다. 아쉬웠다. 정상에서 먹는 컵라면이 유명하다더니, 다들 안에서 바글바글 모여 컵라면을 먹고 있었다. 가져온 컵라면에 물을 받으려고 물어보니 물을 받는 비용만 5천 원 가까이 내라고 한다. 울며 겨자 먹기로 돈을 내고 간신히 물을 받았다. 그래도 설경을 보며 따뜻한 데서 먹는 라면도 제법 괜찮다고 스스로를 위안했다.

열차에서 추천받은 호텔 레스토랑. 오래된 스위스식 건물로,
설산을 보며 전통 커피를 즐기는 것만으로 호사스러운 느낌이 든다.

건물을 둘러보는 데는 생각보다 오래 걸리지 않았다. 실망감을 안고 다시 열
차를 타고 내려와 이번에는 아까 만났던 할머니께서 추천해주신 호텔Hotel Bellvue
Des Alpes의 레스토랑을 찾았다. 역 바로 옆에 있는 오래된 스위스식 건물이다. 내부
는 천장과 벽이 모두 나무로 짜여 있다. 시간이 내려앉아 아름다운 색깔을 띠고 있
다. 따뜻한 실내에 앉아 눈부신 설산을 바라보며 독한 술을 넣은 전통 커피Schümli
Pflümli를 마셨다. 넉넉하게 얹은 크림이 따뜻한 커피와 섞여 부드럽다. 안에서만 이
설산을 즐기기 아쉬워 밖으로 나왔다. 캠핑용 의자와 테이블이 데크 위에 놓여 있
다. 감자튀김을 하나 더 시켰더니, 과장을 조금 보태서 감자가 알프스산맥만큼 쌓
여서 나왔다. 마요네즈와 케첩을 찍어 짭조름하고 바삭하다. 융프라우, 묑크, 아이
거 산의 꼭대기 세 개가 시야를 채우고 넘친다. 참으로 호사스러운 감자튀김이다.

주변은 온통 스키를 타러 온 나이 많은 외국인들이다. 부부끼리, 혹은 혼자서. 나이에 상관없이 스포츠를 즐기는 문화가 참 좋아 보였다. 한참을 앉아 눈을 가늘게 뜨고 눈부신 풍경을 즐겼다.

> **Hotel Bellvue Des Alpes** : 19세기에 지어져 아직까지 운영되고 있는 유서 깊은 호텔이다. 자가용으로는 들어올 수 없고, 오로지 기차를 통해서만 이곳에 도착할 수 있다. Kleine Scheidegg 역에 내려서 3분 거리에 있다. 온라인 예약도 받지 않고 전화 또는 이메일로 미리 예약을 해야 한다. 2인실이 1박에 50만 원 정도인데, 조식과 4코스 저녁이 포함된 가격이다. 숙소를 잡지는 않더라도 앉아서 커피 한잔하고 가기를 추천한다.

걸어서 내려오는 길

알프스에서 내려오는 열차에서 바라보는 바깥의 풍경은 한 편의 재즈 콘서트다. 같은 곡을 들어도 늘 새롭고, 다른 곡을 연달아 들어도 곡이 바뀐 줄 모른다. 비슷하게 생긴 마을인데, 올라왔던 방향과 다른 경로의 열차를 타고 내려왔다고 또 새롭다. 끝도 없이 내려가고, 또 내려간다. 같은 레퍼토리가 제각기 다른 스타일로 끊임없이 변주된다. 눈앞의 풍경에서 흰색이 점차 옅어지고 초록색이 서서히 번져나간다. 흰 눈과 초록 잔디가 반반쯤 보였을 즈음에 열차에서 내렸다. 산이 감싸고 있는 마을은 고요하다. 간혹 가다 타닥-하는 소리가 들리는데 영락없이 나무 위의 눈이 녹아서 덩어리째 떨어지는 소리다. 사계절 내내 눈으로 덮여 있을 것만 같은 이 마을에도 봄이 오고 있다. 보행로였을 길이 기찻길 옆으로 나 있지만, 보도블록은 보이지 않고 눈을 밟고 간 발자국만이 보인다. 누군가 눈길을 헤치고 걸어간 모양이다. 운동화로는 도저히 뚫고 갈 자신이 없어 되돌아 나왔다. 마을로 올라가는 길이 보였다. 이정표에 다음 열차 정류장이 쓰여 있는 것을 보고 무작정 길을 따라 걸었다. 마을의 주택 사이로 나 있는 도로의 눈이 깨끗하게 치워져 있다. 도보로 다음 역까지는 30분, 숙소까지는 3시간. 해가 지려면 한참 남아 있어 최대한 걷기로 했다.

눈 속을 따라 난 길을 걸어 마을을 지났다.

사람 말소리는 하나도 들리지 않고 새소리만 들린다. 지붕에 쌓여있던 눈이 녹아 물이 선이 되어 아래로 흘러내린다. 한참을 걷다가 집에서 빨래를 가지고 나온 주민과 눈이 마주쳤다. 손을 흔드니 마주 흔들어 준다. 한껏 미소를 지어 보이고 다시 발걸음을 옮겼다. 가장 가까웠던 역을 어느새 지나친 모양이다. 길을 따라 아래로, 아래로 걸었다. 산에서 내려오는 물줄기가 제법 거세다. 강이 녹아 흰 물살을 뿌리며 흐른다. 길은 콘크리트였다가, 자갈이 되었다가, 질척한 눈이 되었다가, 진흙이 되기도 했다. 인도가 사라져 차도만 남을 때까지 걷다가 가장 가까운 역을 찾아 다시 열차를 탔다.

한참을 걷다가 좌석에 앉아서 가니 그렇게 평온할 수가 없다. 인터라켄 동역에 내려 숙소까지 조금 더 걷기로 했다. 구름도 없고 해가 밝아 건물의 선이 선명하다. 케밥집과 중국집을 지나고 기념품점을 지나자 넓은 초록 잔디밭이 갑작스레 쏟아져 내린다. 슈로스 공원 Schloss park이다. 잔디밭 바깥으로 벤치가 열 맞춰 놓여 있다. 한쪽의 놀이터에서 아이들이 돌고래 소리를 내며 놀고 있고, 하늘에서는 한 무리의 패러글라이더들이 색색깔의 낙하산에 매달려 천천히 내려온다.

[역사 그 자체인 성당]

Mosteiro dos Jerónimos + 2019.4.28.

01

교황님의 도시에 사는 천사

아비뇽 교황청
Avignon, France

아비뇽으로 가는 열차에 올라탔다. 역사 수업에서 귀가 닳도록 들은 '아비뇽 유수' 덕분에 교황청이 있다는 것 말고는 아무것도 모른다는 사실을 깨닫고, 서둘러 구글 지도에서 갈 만한 곳을 찾아보았다. 보름짜리 여행이면 모든 걸 준비해서 출발했을 텐데, 두 달짜리 여행이 되니 가는 길에 여행 책자를 들춰보거나 도착해서 계획을 세우는 일이 비일비재하다. 하필 아비뇽은 에어비앤비 숙소도 도심과 기차역 모두에서 먼 곳에 잡아두었다. 1박만 머물 숙소를 왜 이리 먼 곳에 잡았는지 하릴없이 과거의 나를 탓하기만 했다.

하지만 견뎌낼 수 없는 고난은 없는 법이다. 천사 같은 집주인에게 열차 도착 시간을 얘기해두었더니 역까지 태우러 나왔다. 영화 속의 한 장면처럼 '시계탑 앞에서 만나'하고 연락이 왔다. 시계탑에서 열 발자국쯤 떨어진 곳에 있는 차에서 한 여자분이 나와 해맑게 웃으며 손을 흔들었다. 에어비앤비 메시지도 전부 불어로 와서 짐작은 했지만, 집주인은 영어를 잘 못하고 나는 프랑스어를 전혀 못했다. 씩씩하게 내 캐리어를 번쩍 들어 트렁크에 넣어 준 집주인 덕분에 편안하게 숙소까지 갈 수 있었다.

숙소에 도착해서 잠시 숨을 돌리자 주인은 지도에 갈 만한 곳을 표시해 주었다. 대화의 절반 이상이 프랑스어와 손짓이고 나머지는 단어 단위로 쪼개진 영어다. 그래도 알아듣는 데 큰 문제는 없었다. 익숙지 않은 언어를 쓰는 나라를 여행하는 데 도가 튼 덕분이다.

아비뇽 유수 : 이탈리아 로마에 있던 교황청이 1309년부터 1377년까지 프랑스 아비뇽으로 옮긴 사건이다. 전쟁자금이 필요했던 프랑스가 교회에서 세금을 걷으려 하자 교황청에서 반대했다. 프랑스 왕이었던 필립 4세는 군대를 동원해 이탈리아 아니니에 있던 교황을 습격해서 무력으로 교황권을 자신의 밑에 두었다. 교황청이 옮겨진 약 80년 동안 있었던 8명의 교황은 모두 프랑스 출신이 맡게 되었다.

아비뇽은 교황의 도시. 천주교 미사에는 포도주를 쓴다. 이 때문에 아비뇽은 '샤또네프 뒤 빠쁘'라 불리는 교황의 와인이 유명하다. 실은 그 와인이 유명하다고 내가 아비뇽에 간다는 소식을 들은 셰프님께서 알려주셨다. 집주인에게 와인을 어디서 사야 하는지 묻자, 이 친절한 집주인은 바로 나가자고, 시내에서 사려면 비싸니 싸게 살 수 있는 데까지 데려다주겠다고 한다. 교황의 도시에 살고 있는 천사임이 분명하다.

다시 차에 올라탔다. 시내 바깥쪽을 따라 드라이빙하며 유명한 곳들을 하나씩 짚어주는 집주인 덕분에 오래간만에 힘 하나도 안 들이고 편안하고 행복한 시간을 만끽했다. 차를 타고 15분쯤 달려 도착한 곳은 포도밭 한가운데 있는 초콜릿 공장이었다. 거대한 건물 안에 쇼룸이 있어 각종 초콜릿과 와인을 판매하고 있다.

이곳의 와인은 도매가로 판다고 한다. 심지어 시음을 할 수도 있다. 원래는 고민 없이 레드와인을 살 생각이었으나, 시음을 한 후에 생각이 바뀌었다. 레드와인은 어쩐지 익숙한 맛이었으나, 화이트와인은 난생처음 먹어보는 맛이었다. 와인을 잘 몰라 정확히 표현할 언어를 찾지 못하는 것이 안타까울 따름이다. 와인과 함께 한국으로 안전하게 가져가기 위한 보호 커버를 집어 들고 계산대로 갔다. 계산대 옆에는 쇼케이스에 색색깔의 트뤼플 초콜릿이 놓여 있고, 시식도 할 수 있다. 작은 조각을 입 안에 넣으니 상상하지도 못한 풍미가 입 안에 퍼져나가며 머리끝까지 짜릿하다. 집주인에게 감사한 마음을 전할 겸 다크 트뤼플 초콜릿 두 조각을 골랐다.

집주인도 선물할 곳이 있는지 토끼 모양의 초콜릿을 몇 개 사서 계산대에 올려놓았다. 계산을 마치고 다시 차에 올라탔다. 시내에 내려주고 와인은 내 방에 가져다주겠다고 한다. 무슨 복이 있어서 이런 분을 만났을까. 트뤼플 초

레드와인을 사려고 했는데 시음을 한 후 화이트로 마음을 돌렸다.

콜릿을 사이좋게 한 조각씩 나눠 물고 햇볕을 받으며 드라이브를 즐겼다. 한 입 베어 물자 얄팍한 초콜릿 껍질이 부서지고 안에 든 가나슈가 적절한 농도로 넘실댄다. 중간에 사진을 찍을만한 곳에 잠시 내려주겠다고 한다. 강 뒤로 성이 아스라이 보인다. 하늘에는 구름 한 점 없어 티 없이 완벽하다.

Chocolaterie Castelain : 초콜릿 공방과 와인 도매상을 겸한 곳. 렌트를 한 여행자에게 추천한다. Chato Blanc L'or de Line(2017빈티지) €25, 와인스킨 €5.

차에서 내린 곳은 아비뇽 성곽 북쪽 끝의 생 베네제 교^{Pont d'Avignon} 바로 앞
이다. 혹시 길을 잃는다면 이곳에 서서 연락을 달라고 한다. 이런 집주인이 다
있나. 감사한 마음을 온갖 언어로 표현했다. 매표소에서 생 베네제 교와 교황
청 입장권을 한 번에 끊었다. 입장권에 오디오 가이드도 포함되어 있다. 론강
위에 서 있는 다리는 다섯 개의 교각 사이에 아치가 걸려 있는 형태로 만들어
졌다.

생 베네제 교

육지에 닿아 있는 첫 번째 교각 1층에서는 이곳의 역사를 볼 수 있고, 지
하에서는 아비뇽 대성당과 다리의 3D 모델링 영상을 볼 수 있다. 2층으로 올
라가면 다리와 시내의 전경을 볼 수 있다. 다시 1층으로 돌아와 다리 위로 나

갔다. 바람이 기분 좋게 불어오고, 강물은 맑게 흐른다. 설렌 관광객들 사이를 걷는다. 가운데 있는 세 번째 교각에는 동굴 형태로 예배당이 하나 마련되어 있다. 계단을 따라 위로 올라가 아치 형태로 난 창밖으로 강을 바라보았다. 다시 내려가 마지막 다섯 번째 교각에 갔다. 이곳에 건물은 없고 난간만 설치되어 있다. 특이하게도 강 반대편과 연결되어 있지 않고, 반 이상 건너다 만 모양새다.

> **생 베네제 교(Pont d'Avignon)** : 아비뇽 다리라고도 불린다. 1185년에 22개의 아치가 있는 900미터 길이의 다리로 지어졌으나 홍수로 인해 여러 번 무너져 다시 세워 현재의 모습이 되었다. 우리에게도 운율이 익숙한 '아비뇽 다리 위에서(Sur le pont d'Avignon)라는 프랑스 동요로 널리 알려져 있다. 현재는 4개의 아치와 니콜라스 성인을 기리는 예배당이 남아있다. 다리가 지어진 과정은 토목계의 전설로 활발히 연구가 진행되었다. 유네스코 세계문화유산으로 등재되어 있다.

교황님 없는 교황청

아비뇽은 프랑스 남부와 이탈리아 북서부 지역을 묶은 프로방스 지방에 속해 있다. 라벤더는 프로방스의 명물 중 하나다. 7월 초에 이 지역을 여행하면 넓은 들판을 전부 보라색으로 물들이는 라벤더를 즐길 수 있다. 교황청으로 가는 길목에 있는 기념품 가게마다 라벤더 향 비누를 파는 이유다.

거리에서 만난 건물의 색깔은 교황청과 다리, 그리고 성벽을 닮아 있다. 묵직한 아이보리 색 석재로 마감한 건물들이다. 경복궁보다는 부석사를 생각나게 하는 풍경이다. 역사의 풍파를 겪은 이 작은 도시는 긴 세월을 이기지 못하고 알록달록한 색깔이 씻겨 나갔다. 마침내 네모난 형태만 남은 건물들에게서 남다른 무게감이 느껴진다.

교황 권력을 증명하는 것처럼 거대한 교황청

　아비뇽 교황청은 14세기 당시 유럽에서의 교황 권력을 확인할 수 있는 건축물이다. 현재 유럽에 있는 고딕 양식 건축물 중에서는 가장 커서(15,000㎡) 일반 고딕 성당 4개를 합친 것과 같은 규모다. 현재는 25개 이상의 방이 공개되어 있다. 교황청에 들어가자마자 화웨이 태블릿과 헤드폰을 건네받고, 처음 마주친 홀에서 증강현실 기술을 활용한 디지털 가이드를 사용해 보았다. 색이 빠져나가 어슴푸레하게 남아 있는 천장화와 더 이상 아무것도 걸려 있지 않은 석벽을 태블릿으로 비추자 원래의 형태를 오버랩하여 보여준다. 색깔이 선명하게 살아 있는 그림과 붉은색의 화려한 천으로 감싼 벽면이다. 어린이들의 흥미를 돋우기 위한 것인지 몇몇 장소마다 보물찾기를 할 수 있는 기능도 탑재되어 있다. 한두 번 찾다가 오히려 관람에 방해가 되는 것 같아 그만두었지만, 유

유럽 여행 중 만난 가장 최첨단 가이드와 가장 사랑스러운 가이드.

럽 여행을 하면서 만난 중에 가장 최신 기술을 접목한 가이드였다.

몇 번째일지 모를 방을 둘러보고 있는데 고양이 한 마리가 도도하게 들어왔다. 직원이 그 뒤를 따르고 있다. 제 영역을 당당히 걸어 다니던 고양이는 한 장식장 아래 잠시 멈춰 섰다. 조심스레 손을 코 앞에 대니 피하지 않는다. 머리를 살짝 쓰다듬으니 몇 초간 가만히 있다가 계단 아래로 훌쩍 사라져 버린다. 고양이를 보던 관광객들의 입가에 웃음이 걸려 있다.

법복을 입은 사람의 형상을 한 석관을 몇 개 지나 계단을 올랐다. 성 꼭대기에서 아비뇽 시내와 대성당과 광장이 내려다보인다. 잠시 머물다 계단을 내려가 출구를 찾았다. 기념품 가게에서 파는 교황의 와인은 아까 산 와인의 두 배에 가까운 가격이다. 교황청 기념품과 성물들을 구경하다가 나왔다.

교황청 앞의 광장

입장 시간 : 10:00~17:00 (종료 1시간 전까지 입장 가능, 1시간 반 전에 입장 권장)

휴무일 : 연중무휴(비정기 휴무는 홈페이지 참조)

입장료 : €14.50 (생베네제 교+교황청)

찾아가는 방법 : 아비뇽 중앙역에서 도보 15분

언덕, 광장, 그리고 타르틴

다음으로 발걸음을 옮긴 곳은 교황청 북쪽에 있는 언덕인 로쉐 데 돔 Rocher Des Doms이다. 몇 개의 계단을 올라가자 넓은 잔디밭과 분수가 뿜어져 나오는 연못이 보인다. 날이 맑아 주민들이 잔디밭에서 일광욕을 즐기고 있다. 전망 데크에서 도시를 둘러보다가 대성당이 있는 방향의 경사로로 내려갔다. 금빛의 마리아상이 성당 위에서 지켜보는 아래에, 십자가에 박힌 예수의 석상이 다시 도시를 내려다보고 있다. 성당 내부는 유럽의 도시를 다니며 본 다른 성당보다 특별히 크지도, 화려하지도, 복잡하지도 않았다. 주머니에 남아 있던 스위스 동전을 몽땅 털어 상자에 넣고 초 하나를 들어 밝혔다. 우리 가족들이 모두 건강할 수 있기를. 신자는 아니더라도 이런 소원을 비는 순간에는 누구나 진심이 된다.

성당 앞 광장에서는 아코디언을 연주하는 아저씨와 재주를 넘는 청년이 보는 이들의 이목을 사로잡고 있다. 이들을 지나쳐 걷다가 크리옹 광장 Place Crillon에 도착했다. 집주인이 앉아서 맥주 한잔하기 좋다 했던 곳이다. 딱 한 잔을 주문하고 앉았다. 기본 안주로 오징어 땅콩 맛 치토스가 나왔다. 모두가 서로와 이야기를 나누며 맥주를 즐기고 있는 순간, 나도 기분을 나눌 누군가가 필요해 친구에게 전화를 걸었다. 귀국 파티에 쓸 좋은 와인을 구했다며 한참 동안 수다를 떨고 전화를 끊으니 한 시간 가까이 지나 있었다.

맥주는 못 나눠도 이 기분은 나누고 싶었다.

　광장을 나와 거리Rue Joseph Vernet를 따라 걸었다. 조명 가게, 소품 가게와 레스토랑이 줄지어 있다. 눈에 띄는 가게마다 들어가 구경하다가 나왔다. 아침을 배불리 먹은 날은 꼭 점심을 소홀히 해서 초저녁부터 배가 고프다. 관광지는 예습해놓지 않아도 식사를 할 곳 정도는 미리 지도에 표시되어 있는, 준비된 엉터리 여행자다. 오픈 샌드위치 개념의 타르틴Tartin을 먹기로 했다. 역사가 오래돼 보이는 포근하고 아기자기한 가게에 들어가 네 가지 치즈와 배를 얹은 타르틴과 로제와인 한 잔을 주문했다. 프랑스 사람들은 빵에 관해서라면 뭐든 환상적인 맛으로 내놓는다. 달콤하고 상큼한 배에 짭조름하고 쿰쿰한 향의 치즈가 엉켜 빵 위에서 뭉그러진다. 작은 잔에 가득 나온 와인이 가볍고 달달해 타르틴과 기가 막힌 조합이다. 순식간에 해치워 버리고 아쉬운 마음에 라즈베리 파이를 하나 더했다.

네 가지 치즈와 배를 얹은 타르틴, 라즈베리 파이.

02

대항해시대 시절 문화의 용광로

제로니무스 수도원
Lisbon, Portugal

영화 '리스본행 야간열차'의 원작은 2004년도에 출간된 소설이다. 이 열차는 당연히 그보다 더 역사가 오래된 열차인데, 다시 말해, 자리에 콘센트가 없다. 예약을 늦게 해서 그나마도 침대칸이 아니라 좌석 칸이다. 다행히 보조배터리가 남아 있어 맥주에 초코바 하나 먹으며 여행기를 조금 정리할 수 있었다. 살짝 불그스름해진 볼로 화장실에 다녀오니 열차 내부가 뜨끈뜨끈하다. 승객을 재우는 데 최선을 다하는 열차라는 생각이 들었다. 난방기의 열기에 온몸이 노곤노곤하다.

뜨끈하게 사람 재우는 것에 진심인 리스본행 야간열차.

열한 시 무렵 까무룩 잠이 들었다가 열두 시 반에 눈이 떠졌다. 차창 밖으로는 도시의 불빛이 사그라들었다. 별들이 어찌나 많은지! 기차가 철도를 긁

으며 흔들리다가 일정한 리듬으로 심장박동과 같은 소리를 내며 달린다. 두 근두근, 두근두근.

리스본행 야간열차 예약 방법

1. 유레일 홈페이지에서 기간권을 구매했다면, 유레일 사이트에서 할인된 가격으로 야 간열차를 예약할 수 있다. 해외에서 결제가 가능한 신용카드가 필요하고, 유레일패 스 활성화 이후에 예약이 가능하니 유럽에 도착해서 일정에 맞춰 야간열차 티켓을 끊어두는 것이 좋다. 유럽권의 공휴일인 부활절이나 크리스마스와 일정이 겹친다 면 가능한 일찍 예약해야 한다.

2. 다른 사이트(ex. 클룩)에서 기간권을 구매했다면 예약비와 티켓 배송비가 발생하 고, 미리 한국에서 예약해서 실물 종이 티켓을 챙겨가야 한다. 스페인과 포르투갈에 서 출발하는 열차는 다른 국가에서 오프라인 예약이 되지 않으니 성수기에 갔다면 가장 먼저 도착하는 도시에서 가능한 모든 열차를 예매하는 것이 좋다.

3. 기간권을 구매하지 않았거나 오프라인에서 예매했을 때 너무 늦어서 매진일 것 같 다면, 유럽의 열차를 예약할 수 있는 다른 사이트를 활용해보자. 스페인과 포르투갈 의 국영 철도회사인 renfe와 CP의 홈페이지나 raileurope, trainline이나 omio 등의 열차 예매 사이트에서 예매할 수 있다. 유레일 할인은 적용받을 수 없지만 합리적인 가격에 다양한 형태의 탑승권을 구매할 수 있다.

리스본행 야간열차

리스본행 야간열차는 마드리드에서 리스본까지 가는 열차다. 마드리드 차마르틴(Ma-drid Chamartin) 역에서 오후 9:43에 출발해서 다음 날 오전 7:30에 리스본 오리엔 트(Lisbon Oriente) 역에서 내린다. 열차는 프리미엄 1등석과 1등석(1~2인용 침대칸), 4인용 침대칸, 그리고 일반 좌석 칸이 있다. 침대칸을 예약하고 싶다면 미리 예약하 는 것이 좋다.

야간열차를 타고 리스본에 도착한 것은 오전 일곱 시 반이었다. 리스본 오 리엔트 역은 우아한 곡선의 콘크리트 열주가 반복되어 회랑을 이루고 있다. 새벽빛이 콘크리트를 부드럽게 밝힌다. 어쩐지 낮익은 형태에 궁금해서 찾아

보니 역시나 스페인 건축가 산티아고 칼라트라바의 작품이다. 칼라트라바의 건축은 고딕 성당과 닮아있다. 건물을 이루는 콘크리트와 철골 구조를 감추지 않고 예술로 승화해서 눈에 보이는 곳에 풀어두었다는 점이 그렇다. 심지어는 구조 자체가 예술작품이 되기도 한다. 밀워키의 미술관^{Milwaukee Art Museum}은 하루에 두 번, 정해진 시간마다 날개를 펼친다. 정말로, 건물에 달린 날개가 천천히 펼쳐졌다가 다시 접힌다. 만약 칼라트라바가 고딕 양식의 성당을 지었다면 정말로 하늘로 향하는 길이 열리는 어떤 설계를 했을지도 모른다.

칼라트라바의 또다른 건축 작품인 오리엔트 역과 밀워키 미술관.
콘크리트와 철골 구조를 감추지 않고 그대로 드러내 디자인 요소를 만들었다.

리스본 숙소는 9시부터 짐을 맡길 수가 있다고 해서 리스본 역 카페에서 아침을 먹고 시간을 보내기로 했다. 치즈를 끼운 크로와상에 오렌지주스와 에스프레소를 곁들인 세트를 주문하고 자리에 앉았다. 열차에서 잠을 제대로 자지 못해 피곤하지만, 새 나라에서 새로 시작되는 하루가 설렌다.

한참 여행책을 뒤적이며 볼만한 곳을 찾았다. 근 두 달 가까이 여행을 다니며 도시마다 성당과 광장과 강가를 보았더니 이제는 좀 시큰둥하다. 오히려 마트 구경이 흥미롭다. 도시마다 다른 식재료와 정육코너를 구경하는 재미가 쏠쏠하다. 특산품 찾아내 먹는 재미도 있고. 여러모로 먹는 재미만이 질리지 않는다. 리스본은 문어 국밥과 셰리주가 유명하다. 국밥은 우리나라에만 있는 문화인 줄 알았는데. 생각해보니 빠에야도 조리법은 조금 다르지만 근본적으로는 볶음밥이다.

한국인의 밥상과 닮은 리스본의 밥상, 그리고 약주와 닮은 리스본의 술 취향

낯선 나라에서의 첫 끼니

여행이 길어지며 생긴 버릇 하나가 있다. 낯선 나라에 도착해서 먹는 첫 끼니는 아시아 음식으로 챙겨 먹는 것이다. 처음에는 딱히 의도한 것은 아니었는데, 몇 번이고 반복되자 향수병의 일종이려니 하고 있다. 각자 그 나라의 입맛에 맞춰 레시피가 조금씩 바뀌기 때문에 우리나라에서 먹는 아시아 음식과는 또 다른 맛이 있어 재밌다. 프랑크푸르트에서 먹은 베트남 쌀국수는 고수와 야채가 거의 뿌리만 자르고 넣은 것 같이 길고 억세게 나왔고, 바르셀로나

에서 먹었던 일본 라멘은 익숙한 맛의 국물에 매운 소스를 따로 내왔다. 그중 최고는 파리에서 먹은 '보분'이라는 비빔 쌀국수다. 얇은 쌀국수 면 위에 달짝지근한 고기와 튀긴 춘권, 견과류와 당근을 얹어 새콤달콤한 소스에 비벼 먹는다. 파리의 송흥 ^{Song Heng} 보다 맛있는 비빔 쌀국수를 이제껏 먹어본 적이 없다. 파리 하면 쌀국수, 쌀국수 하면 파리다.

아무튼 포르투갈에 도착하자마자 이 버릇이 도진 것이다. 숙소에 짐을 던져놓고 길을 쭉 내려가 시내를 향해 걸었다. 눈길이 닿는 곳에 인도네시아 풍의 국숫집이 보였다. 완탕면을 하나 주문하니 손으로 직접 뽑은 생면과 만두, 청경채가 뜨끈한 국물에 담겨 나왔다. 간장 종지에는 매콤한 소스가 담겨있다. 국물을 적당히 떠먹다 소스를 뿌려 면을 건져 먹고, 만두에도 몇 방울 떨어뜨려 먹었다. 개운하다. 면 한 그릇을 뚝딱 해치우고 마저 걸어 시내로 나왔다.

시계 방향으로 프랑크푸르트의 쌀국수, 바르셀로나의 라면,
파리의 송흥 보분, 리스본의 완탕면

코메르 시우 광장 근처에 제일 오래된 유명한 셰리주 ^{Ginjinha} 가게가 있다. 한 샷을 주문하니 주인장이 플라스틱 잔에 붉은색의 달콤한 술을 따라준다. 셰리 세 알이 도로록 굴러 나와 잔에 함께 담겼다.

제로니무스 수도원과 에그타르트

햇빛이 부서지듯 내리쬐는 타구스 강변

광장을 지나 타구스 강변으로 나갔다. 햇볕이 더워 길에서 민트가 들어간 레모네이드를 한 잔 사 마셨다. 얼음을 깨 먹으니 한결 살 것 같다. 수도원이 있는 벨렝 지구까지 걸어가려다가 더위에 포기하고 버스를 탔다. 버스에서 내리자마자 에그타르트 전문점인 파스테이스 데 벨렝을 찾았다. 체코 프라하의 수도사들은 세상에서 제일 맛있는 맥주를 빚어내더니, 포르투갈 리스본 수도원의 수녀님들은 세상에서 제일 맛있는 에그타르트(벨렝)를 만들어냈

나 보다. 이곳의 에그타르트는 수녀님들의 레시피를 이어받아 지금까지 이어 내려오고 있다고 한다. 가게 앞에 긴 줄이 늘어서 있어 찾는 것이 어

렵지 않았다. 테이크아웃 줄은 금방 줄어들어 곧 세 개의 에그타르트를 손에 넣을 수 있었다. 하나는 바로 꺼내 한 입 베어 먹었다. 달콤하고 진한 맛이 입 안을 채운다. 과연 오랜 수도를 거친 사람들은 무엇을 만들어도 최고를 만들어내나 보다.

모르고 보면 궁전이라고 생각할 법한 위용이다.

타르트로 채운 당분으로 다시 길을 나섰다. 조금만 걸어가면 제로니무스 수도원이 나온다. 푸른 잔디밭 위에 거대한 흰 벽이 위엄을 뽐내며 서 있다. 화려하기로만 따지자면 수도원보다는 궁전이 어울릴 법한 곳이다. 화려한 유산과 허름한 시내의 대비는 자연스럽게 여행자의 의문을 자아낸다. 관광지를 조금만 벗어나면 낡은 아파트와 골목이 나온다. 방금 지나왔던 광장에서는 대마초를 파는 사람을 세 번이나 마주쳤다. 기본적인 치안조차 유지되지 않고 있다는 뜻이다. 한때 대항해시대를 주도해 눈부신 문명을 이룩했던 국가의 현재는 조금 슬픈 그림이다.

성벽보다 더 압도적인 긴 줄의 끝에 섰다. 제로니무스 수도원에 들어가는 표를 사기 위해 기다리는 사람들이다. 다행히 줄은 빠르게 줄어들어 금세 입장할 수 있었다. 수도원은 가운데에 네모난 중정이 있는 거대한 회랑이다. 하얀 벽이 햇빛을 받아 눈부시게 빛난다. 돌을 참 세심히도 하나하나 깎아 장식해 놓았다. 이곳은 대항해시대의 산증인과도 같은 곳이다. 바스코 다 가마의 항해 성공을 기원하며 1502년부터 짓기 시작해 완성하기까지 170년이 걸렸고, 신도들은 이곳에서 항해자들의 무사 귀환을 기원하는 기도를 올렸다.

같은 음식도 나라를 건너면 달라지는 것처럼 건축 디자인도 끊임없이 변한다.

이곳만의 독특한 디자인은 '마누엘 양식'이라고 불린다. 포르투갈의 왕 마누엘 1세의 이름을 딴 것으로, 당시 유행하던 고딕 양식과, 이웃 나라인 스페인, 바스코 다 가마가 최초로 유럽에서 항로를 발견한 인도 등의 디자인을 결합해 만든 포르투갈만의 고유한 스타일이다. 한 나라의 음식이 다른 나라로 이동하면 그 나라 사람들의 입맛과 풍토에 맞춰 바뀌는 것처럼, 건축 디자인도 시대와 국가에 따라 같은 디자인도 끊임없이 변주하여 지어진다. 항해의 성공을 기원하기 위해 지어진 만큼, 파도치는 듯한 문양의 창문 장식, 해양생물과 밧줄 모양으로 조각한 기둥과 벽면이 눈에 띈다.

포르투갈의 마누엘 양식을 드러내는 듯한 창문.
파도치는 창문과 밧줄로 묶어둔 기둥이 눈에 띈다.

제로니무스 수도원 관람 팁 : 수도원 옆에 있는 산타 마리아 성당은 무료입장이고, 수도원 입장료는 10유로다. 산타 마리아 성당 내부에는 인도까지의 항로를 발견하여 대항해 시대를 연 포르투갈인 항해가 바스코 다 가마의 석관이 있으니 놓치지 말자. 바스코 다 가마의 손은 밧줄을 쥐고 있는데, 이 손을 만지면 순조로운 항해와 여행을 할 수 있다는 전설이 있다. 수도원 2층은 성당 2층과 연결되어 있어, 수도원에 들어가면 성당 1층을 내려다볼 수 있다. 운이 좋아 때마침 성당에서 울려 퍼지는 성가대의 청아한 소리를 감상할 수 있었다.

입장 시간 : 5-9월 화-토 10:00~18:30, 일요일과 공휴일 14:00~18:00

　　　　　　10-4월 화-토 10:00~17:00, 일요일과 공휴일 14:00~19:00

휴무일 : 월요일, 1/1, 부활절 일요일, 5/1, 6/13, 12/25

입장료 : €10(산타 마리아 성당은 무료)

찾아가는 방법

호씨오 역　　 4분　　 **피게이라 광장 정류장**　　 30분
Rossio　　　　도보　　　　 Pç. Figueira　　　　714번 버스

제로니무스 수도원
Mosteiro Jerónimos

빠에야와 도시의 예술가들

　다시 트램을 타고 시내로 돌아왔다. 리스본에서 잠시 살고 있는 언니와 만났다. 빠에야로 유명한 가게를 미리 예약해 두었다. 인생 첫 빠에야 시식이다. 해산물 빠에야와 함께 대구 살을 발라내 감자와 여러 야채를 섞어 으깨 만든 바칼 하우 ^bacalhau 도 주문했다. 사실 빠에야는 볶음밥의 민족에게는 조금 아쉬

빠에야와 바칼 하우. 맥주를 곁들이면 끝없이 들어갈 것만 같다.

웠고, 의외로 바칼 하우가 난생처음 먹어보는 맛인데 엄청나게 맛있었다. 대구살이 감칠맛을 더해주고 감자가 부드럽게 감싼다. 맥주와 함께라면 무한정 퍼먹을 수 있는 맛이다. 화이트와인도 더해서 한참을 이야기를 나누며 먹었다. 오랜만에 맞이한 2인의 식탁이다. 사람과 맞대고 한국어로 떠들며 밥을 먹은 게 얼마 만인지 모른다. 언어가 같다고 꼭 말이 통하는 것은 아니지만, 오늘은 제대로 된 대화를 하고 있다. 오랜만에 만난 언니인데도 며칠 만에 만난 것만 같다. 행복한 시간이다.

만족스러운 식사를 마치고 진지냐(체리 브랜디, 포르투갈의 전통주)를 한 잔씩 입가심 서비스로 마시고 나왔다. 언니의 가이드로 리스본의 스트릿 아트 투어를 떠났다. 스트릿 아트라면 보통 그라피티인데, 낙서나 공공시설 파손으로 보는 시선도 있지만 리스본에서는 점차 예술로 인정해주는 분위기라고 한다. 우리나라처럼 합법적으로 그라피티를 할 수 있는 구역도 있다. 언니의 손에 이끌려 따라간 곳은 한 주차장 건물이었다.

'Chão do Loureiro'라는 이름의 이 주차장은 층마다 다른 작가가 자신만의 스타일로 벽면을 장식했다. 좋아하는 작가의 그림 앞에 차가 주

캔버스나 벽이나 모두 작품이기는 매한가지다.

차되어 있지 않으면 운 좋게 작품을 온전히 감상할 수 있는, 특별한 미술관이다. 경사로를 따라 올라가며 벽면에 그려진 작품을 감상했다. 언니가 좋아하는 작가는 맨 꼭대기에 있다. 리스본 어느 골목의 모습과 사람들의 얼굴이 중첩되어 그려져 있다. 거칠게 그린 그림이지만 도시를 아는 사람이라면 어느 골목을 그린 그림인지 알 수 있다.

주차장 건물 꼭대기에는 바 겸 전망대가 있다. 맥주와 칵테일을 한 잔씩 시켰다. 야경이 곧 안주다. 파랗던 하늘이 보라색으로 변하더니 구름마저 분홍색으로 물들었다. 한참 이야기를 나누다가 잠시 야경을 바라보다가, 다시 얼굴을 마주 보고 이야기를 이어 나갔다. 멀리 떨어져 있어도 서로 치열하게 고민하고 힘을 내서 살아가고 있다는 것을 안다. 고민과 결심과 실천이 언어가 되어 오간다. 서로에게 말할 수 있고 들을 수 있고 이해할 수 있다는 것 자체가 큰 위안이다.

자리를 옮겨 맥주를 또 마시러 갔다. 가게 앞에 서 있는 여자 마네킹과 근처에 그려져 있는 가슴과 엉덩이가 유난히 부각된 여성의 그림이 거슬린다. 하지만, 아무 생각 없이 듣던 노래가 어느 순간 귀에 감긴다. 선곡과 분위기는 참 좋다. 애써 눈에서 거슬렸던 부분을 흐릿하게 지워버린다. 빈 병이 두 병이 되고 네 병으로 늘었다. 밤과 함께 대화도 깊어져 간다. 유럽에 와서 처음으로 택시를 타고 귀가했다. 승용차에 타보는 것이 얼마 만인지! 편안한 승차감에 서울에 와 있는 듯한 착각이 들었다. 차에서 먼저 내리며 인사를 나누었다. 곧 한국에서 다시 본다고 하더라도, 이별이 참 아쉽다.

작품을 거슬러 올라와 당도한 옥상 테라스.

영혼을 채워주는 음식,
프란세지냐

　에어비앤비 숙소 주인은 대체로 굉장히 친절하거나 굉장히 과묵하거나 둘 중 하나인데, 포르투 숙소의 주인은 전자였다. 거의 한 시간 내내 앉아서 근방의 볼만한 곳과 식당을 안내받았다. 그중 '프란세지냐francesinha'를 소개하며, 굉장히 배가 부를 것이니 꼭 점심에 먹으라고 했다. 두 시가 가까워지는 시간이라 배가 고파 바로 먹기 딱 좋은 메뉴였다. 마침 소개받은 곳도 딱 숙소 근방이다. 레드와인 한 잔과 음식을 주문하고 주변을 둘러보니 온통 현지인이다. 제대로 찾아왔다는 생각이 들었다.

영혼을 채워주는 음식, 프란세지냐

　프란세지냐는 이를테면 크로크 무슈의 최상위 호환 버전 같은 음식이다. 샌드위치는 샌드위치인데, 사이에 베이컨과 고기와 햄이 끼워져 있고 그 위로 반숙 계란 프라이를 얹고 다시 치즈를 얹어 녹여낸다. 감칠맛이 진한 소스가 모든 맛을 어우러지게 한다. 샌드위치 주변으로는 감자튀김이 둘러져 나온다. 즉석에서 조리하는 모습을 넋 놓고 보고 있다가 주방장과 눈이 마주쳤다. 침이라도 흘릴 기세였는지 씩 웃는다.

주문했던 와인이 먼저 나왔다. 2유로도 안 하는 와인인데, 잔에 가득 차 있다. 뒤이어 나온 프란세지냐를 30분도 안 돼서 깨끗이 비웠다. 배가 엄청나게 부를 것이라더니, 생각보다는 적당한 1인분이다. 식당을 나올 때까지만 해도 그렇게 생각했다. 걸어서 시내로 나가다 보니 점점 배가 불러왔다. 결국 저녁 식사는 하지 못하고, 아침에 일어나서도 오랜만에 공복감이 없었다. 무려 세 끼니를 한 번에 먹은 셈이었다.

현지인이 추천해 준 프란세지냐 맛집

Taberna Do Doutor : Francesinha €7.40, 와인 €2.00

옛 영광의 도시를 거닐며

걸어서 포르투 시내 중심가로 나왔다. 내려오는 길에 세계 몇 대 카페에 든다는 카페 마제스틱이 보였지만, 에스프레소 한 잔이 4유로가 넘고 맛은 그에 미치지 못한다는 집주인의 신랄한 평에 따라 겉에서만 보고 지나갔다. 코너를 돌자 백화점 1층에 찻잔을 파는 가게가 보인다. 바깥을 향해 진열된 찻잔 하나가 눈에 콕 박혀 빠지지 않았다. 하얀 도자기에 푸른 안료로 꽃과 장식을 정교하게 그려 넣은 컵이다. 거기에 금테까지 둘러 취향의 스트라이크 존에 정확히 명중했다. 가게가 열지 않아 살 수 없는 게 아쉬웠는데, 결국 이틀 후 다시 돌아와 손에 넣었다. 위에 식사를 더 할 공간은 없어도 디저트 넣을 공간은 있듯이, 캐리어에 옷을 넣을 공간은 없어도 찻잔 넣을 공간쯤은 있다는 자세로

광화문 느낌이 나는 기다란 광장.

여행 중이다. 눈이 즐겁자고 죄 없는 허리와 어깨가 고생한다.

시내 중심에는 광화문 광장의 느낌이 나는 기다란 광장이 있고, 양 끝에 시
청과 동상이 서 있다. 가운데에는 네모난 물길이 있다. 둘러보다가 서쪽으로
향했다. 알 조명을 촘촘히 박아 예쁘게도 꾸민 가게가 있어 들어가 보니 포르
투의 특산물 중 하나인 사르디냐 ᴿᵃʳᵈⁱⁿʰᵃ 통조림을 파는 곳이다. 벽을 따라 연도
가 적힌 통조림이 나란히 있고, 매장 한가운데는 각기 다른 생선으로 만든 통
조림이 있다. 매장 직원이 나와 살갑게 인사하더니 서울 출신의 비보이 팀을
좋아한다고 말한다. 아이돌 말고 다른 문화적인 요소로 한국을 좋아하는 사람
을 만난 것은 처음이라 꽤히 반갑고 고마웠다. 물어보니 벽에 연도별로 진열돼
있는 통조림은 제작 연도가 아니라 패키지 디자인의 요소라고 한다.

포르투의 특산물인 사르디냐. 캔 위에 인쇄된 연도는 디자인적 요소다.

사르디냐 가게를 나와 걷다가 한산한 카페에 자리를 잡고 앉았다. 영수증 정리가 열흘 가까이 밀려 있다. 커피와 함께 커스터드 크림을 짜 넣은 바삭한 디저트Pastel de Tentúgal 하나를 주문했다. 갓 나온 에스프레소에 설탕 한 봉을 까 넣고 마시며 기록하고 정리했다. 지난 도시들이 먼 과거의 일만 같다. 쓰지 못한 여행기가 마음 한편을 누른다. 매일매일이 새로운 것으로 가득한 이 시간이 지금은 조금 지치지만 돌아가자마자 그리워지겠지. 지금처럼 코로나가 창궐할 줄 알았더라면 여행을 한 달쯤, 아니 세 달쯤 더할 걸, 후회하며 글을 다듬고 있다.

정리를 마치고 숙소로 잠시 돌아갔다. 누워서 반 시간쯤 놀다 보니 슬슬 사방이 어두워지고 있다. 서둘러 짐을 챙겨 나왔다. 숙소에서 걸어서 십 분 거리에 고층의 호텔이 하나 있는데, 17층 꼭대기의 바에서 보는 야경이 절경이

밀린 일기 정리하는 데는 커피와 단 것만한 것이 없다.

라고 한다. 해 지기 30분 전에 맞춰 갔는데 테라스는 이미 만석이다. 벽에 붙어 있는 바 자리 하나를 비집고 들어가 앉았다. 맥주 한 잔을 주문했더니 땅콩과 추억의 논두렁 밭두렁 스타일의 튀긴 옥수수알이 같이 나왔다. 글도 쓰려고 키보드도 챙겨갔건만, 야경이라는 안주가 너무 훌륭해 도저히 손에 잡히지 않는다. 어슴푸레한 하늘이 한쪽부터 어둠에 잡아먹힌다. 도시의 불빛이 별빛처럼 하나둘 떠오른다.

07

[파리의 성당들]

Sainte Chapelle + 2019.5.9.

언덕 위의 하얀 성당

사크레쾨르 대성당
Paris, France

유럽에 도착하고 바로 다음 날이었다. 시차 때문에 통 잠을 이루지 못하고 뒤척이다가 새벽녘에 일어나 로비로 나오니 늘씬하게 잘생긴 검은 고양이 한 마리가 돌아다니고 있다. 리셉션 직원은 저 고양이가 아무도 안 좋아한다고 하지만, 웬걸. 만져도 가만히 있더니 다리까지 쓸고 지나간다. 이 정도면 모든 사람을 좋아하는 고양이 아닌가! 카운터 옆 벽면에는 이달의 우수직원 액자가 걸려 있는데, 스피가 Espiga라는 이름과 함께 고양이의 사진이 들어 있다. 수많은 여행자들이 스쳐 지나가는 곳답게, 직원조차 누가 무슨 뜻으로 그 이름을 지었는지 모른다고 했다.

글쓰기 메이트가 되어준 스피가

눈을 반쯤 감고 달팽이를 흉내 내는 스피가 옆에 앉아 키보드를 두들기는 동안 로비는 카페테리아로 변신했다. 고소한 냄새를 풍기며 크루아상, 바게트, 그리고 크레페가 줄지어 놓였다. 전형적인 프랑스 조식을 즐기고 숙소 밖으로 나왔다. 아침에 보는 거리는 밤에 보던 것과 풍경이 사뭇 다르다. 흐린 하늘을 배경으로 파리 시민들이 저마다의 아침을 준비하고 있다. 가게에서는 야채를 내놓고 있고, 청소부들은 거리를 정돈하고 있다. 시민들이 발걸음을 재게 놀려 지하철역을 향해 걸어가고 있다.

굳은 표정으로 출근하고 있는 사람들 사이를 빠져나와 몽마르트 근방의 Anvers 역에 내렸다. 양옆에 빼곡한 기념품점을 지나치니 길 사이로 언덕과 그 위의 거대한 성당이 몸을 드러낸다. 새하얀 벽면과 돔이 웅장하게 시야를 채운다. 계단을 오르니 사람들이 성당을 등지고 있어 그들의 시선을 따라 눈길을 돌렸다. 아! 파리 시내가 눈 앞에 펼쳐진다. 건물들이 나란히 어깨를 기대고 있는 풍경이 아름답다. 높은 빌딩 숲도 없이 평지 위에 일정한 높이의 건물들이 비슷한 어휘를 구사하며 자리하고 있다. 한참을 서서 시내를 내려다보았다.

오래된 도시의 풍경

오래된 도시의 건물들이 비슷한 색채와 형태를 띠는 이유는 무엇일까? 교통수단이 발달하지 않았던 과거에는 근방에서 건축재료를 조달해야 했기 때문에 너나 할 것 없이 그 지역에서 흔히 구할 수 있는 자재를 썼을 것이다. 난잡하게 건물들이 세워진 이후에는 도로를 정비하고 건물의 형태에 따라 세금을 매긴다. 교외의 호화주택이 아닌 바에야 가장 세금을 덜 낼 수 있는 방향으로 건축 행위가 일어난다. 그렇게 건축물의 재료와 형태가 비슷해진다. 현대에 와서는 기존의 도시 디자인을 유지하기 위해 색채와 재료를 제한적으로 사용하도록 강제한다. 낯선 도시에서 만난 건축물의 형태가 비슷비슷하다면, 그

것은 분명 건축가들이 개성을 발휘하지 않아서 아니라 건축 법규가 까다롭기 때문이다. 각종 건축 심의를 통과하느라 골머리를 앓았을 파리의 건축가들에게 잠시나마 마음으로 위안을 전하고 발길을 돌렸다.

몽마르트 언덕 위의 하얀 성당

파란 하늘 아래의 사크레쾨르 대성당. 내가 간 날은 날씨가 흐려 사진을 빌렸다. ©MZ

등 뒤에 굳건히 서 있는 사크레쾨르 대성당 안에 발을 디뎠다. 가장 먼저 보이는 것은 전면 돔에 그려져 있는 황금색의 모자이크화이다. 예수와 마리아와 성자들이 성당에 들어온 사람들을 내려다보고 있다. 모자이크화 주변으로는 온통 잿빛 석재라, 유난히 황금색 그림만이 빛나는 것처럼 느껴지지만 자세히 들여다보니 상대적으로 밋밋해 보였던 잿빛 돌들은 장인의 솜씨로 깎아내려져 빈틈없이 쌓고 화려하게 장식되어 있다. 우뚝 솟은 돔을 받치는 기둥 위로는 네 명의 천사가 조각되어 있다. 관광객들을 따라 시계 방향으로 천천히 돌아보았다. 측면에는 스테인드글라스 아래로 조각상들이 놓여있다. 사람들의 소원을 담은 빨간 유리컵 안의 촛불이 바람에 흔들린다.

다시 건물 밖으로 나와 거대한 성당을 올려다보았다. 안에서 봤을 때는 짙은 회색이었던 석재가 왜 외부에서는 희게 빛나는 것처럼 보였을까? 그 답을 재료에서 찾을 수 있었다. 성당을 지을 때 사용한 석재는 파리 시내에서 약 100km 떨어진 '샤또렁동 Château-Landon'이라는 지역에서 가져온 것인데, 이곳의 석회암은 강도가 높고 입자가 가늘기로 유명하다고 한다. 처음에 지었을 때에는 보통의 돌처럼 회색을 띠었으나, 탄산칼슘이 많이 포함되어 있는 석회암과 빗물이 만나 백화현상이 일어나며 하얗게 변한 것이다. 백화현상이라 하니 어려워 보이지만, 의외로 주변에서 찾아보기 쉬운 현상이다. 집 주변 건물 중 벽돌 건물을 찾아보자. 군데군데 허옇게 변해 지저분해진 것을 볼 수 있을 것이다. 벽돌 사이에 채워 넣은 모르타르 중에 있는 탄산칼슘이 수분과 만난 경우다. 대표적인 하자로 알고 있었던 백화현상이 이곳 사크레쾨르 대성당에서는 오히려 건축물을 아름답게 만들어주는 작용을 했다니 신기할 따름이다.

백화 현상. 보통은 지저분해 보인다.

밖으로 나와 담장을 따라 걸어 성당 뒤편의 몽마르트에 도착했다. 작은 공원에 예술가들이 모여 앉아 직접 그린 그림과 초상화를 팔고 있다. 주변에 기념품점과 작은 음식점들이 줄지어 있다. 천천히 거리를 따라 걷다가 향이 좋은 뱅쇼 한 잔을 사

파리의 습하고 냉한 공기를 막아준 뱅쇼.

마셨다. 파리의 습한 아침 공기에 뱅쇼가 스며들어 몸을 따뜻하게 데워 준다.

그대로 거리를 따라 걸었다. 깎이고 깎여 둥글고 부드러운 돌이 보도에 물결친다. 거리에는 옛 건물들과 더불어 드물게 새 건물이 얼굴을 마주하고 있다. 함께 있는 모양이 어색하지 않다. 작은 철제 다리를 건너니 왼편으로 묘지가 보인다. 각양각색의 석재 십자가가 오랜 시간 동안 산성비에 녹아 검게 변했다. 이렇게나 많은 묘지가 시내 곳곳에 있는 것이 이색적이다. 산 사람과 죽은 사람이 함께 도시를 이루고 있는 것이다.

사크레쾨르 대성당(Basilique du Sacré-Cœur) : 1914년에 완공된 로마-비잔틴 양식의 대성당이다. 파리에서 에펠탑 다음으로 높은 곳에 위치해 있어 파리 시내 전체를 내려다볼 수 있다.

입장 시간 : 6:30~22:30 (돔 투어는 10:30~20:30)
휴무일 : 없음
입장료 : 무료
찾아가는 방법 : 지하철역 2호선 Anvers역 하차, 도보 8분 거리

"오 샹젤리제~" 유일하게 아는 샹송의 유일하게 아는 가사를 흥얼거리며 샹젤리제 거리를 지나 걷다 보면 저 멀리 도로 한가운데 등대처럼 우뚝 솟아 있는 에투알 개선문이 보인다. 복잡한 횡단보도를 건너 개선문을 등지고 서면 길이 사방으로 발아래에서부터 저 멀리까지 시원하게 뻗어있다. 가장 넓은 길 한쪽 끝에는 콩코드 광장의 오벨리스크가 보이고, 돌아서서 보이는 반대쪽 끝에는 신도시 한가운데 세워진 신 개선문, 그랑데 아르슈가 보인다.

그런데 이 형태는 어디선가 본 듯하다. 바로 '감시'의 아이콘, 파놉티콘이다. 방사형으로 뻗어나간 감옥을 효과적으로 감시할 수 있는 중앙의 탑의 자리에 바로 개선문이 서 있다. 오늘날 우리가 보는 이 거리의 모습을 만든 사람은 1800년대 중반에 파리 시장을 맡았던 오스만 남작 Baron Haussmann이다. 당시 파리 시내는 길이 비좁고 골목이 많았는데, 혁명 이후 끊임없이 데모가 일어나고 있어 진압이 어려웠다. 오스만은 나폴레옹 3세의 명으로 거리를 정비하고 상하수도와 가스 등의 인프라를 건설했다. 초기의 목적은 군대를 신속하게 동원할 수 있도록 폭넓은 도로를 사방으로 건설하는 것이었지만, 결과적으로는 근대적인 도시계획 시스템이 만들어진 것이다.

프랑스 혁명의 전사자를 기리기 위해 올린 에투알 개선문과
프랑스 혁명 200주년 기념으로 세운 신 개선문 그랑데 아르슈.

그랑데 아르슈에서 본 에투알 개선문

02

꼭 맑은 날 가야 하는 이곳

생트 샤펠
Paris, France

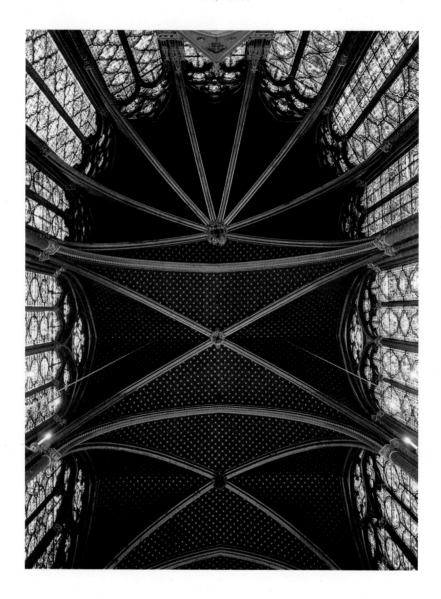

파리의 모 카페에서 일하는 파리지앵 친구는 이렇게 말했다.

"최고의 스테인드글라스를 보고 싶으면 맑은 날 오후 2시쯤 가세요."

아쉽게도 그 시간 그 날씨에 맞춰서 생트 샤펠에 가지는 못했지만, 흐린 날 아침에도 이곳은 최고의 스테인드글라스를 뽐내고 있었다. 5월에 파리로 돌

날씨가 좋으면 찾아가겠어요. 생트 샤펠에

아와 노틀담 성당과 콩시에르 주리, 그리고 생트 샤펠이 있는 시테섬에 갔다. 비가 올 듯 말 듯 우중충한 아침이었다. 오후에라도 날이 갤 기미가 보였으면 나머지 두 곳을 먼저 들른 후 생트 샤펠에 왔을 텐데, 아쉽게도 하루 종일 비 소식이 있었다. 결국 볕이 강한 한낮에 보는 것은 포기하고 오픈 시간에 맞춰 도착했다. 보안검사를 마치고 들어간 입구는 지하 예배당으로 통해 있었다.

구석에 있는 작은 계단을 타고 올라가니 비로소 스테인드글라스로 둘러싸인 자그마한 예배당이 나타났다. 사방에서 빛이 아름다운 색상을 입고 내려오니 환상적이다. 해가 쨍한 맑은 날 왔으면 정말 좋았을 것 같은 풍경이다. 아쉬운 날씨에도 이렇게나 아름답다니! 천정 또한 석재를 그대로 드러낸 것이 아니라 푸른색 천으로 감싸 귀족같이 고급스러운 느낌이다. 큰 공간은 아니라서 둘러보는 데 오래 걸리지는 않았지만, 파리에 왔다면 꼭 봐야 하는 풍경이다.

마리 앙투아네트의 최후

어린 시절 친척 언니네 집에서 빌려와서 읽다가 너무너무 재밌어서 백과사전과 맞먹는 두께의 만화책 몇 권을 단숨에 읽은 적이 있다. 바로 이케다 리요코 작가의 '베르사이유의 장미'다. 팔구십 년 대생들은 프랑스 대혁명을 그 만화책으로 처음 접했다고 해도 과언이 아니다. 그 정도로 인기가 좋고 재밌었다. '베르사이유의 장미'의 주인공이자 루이 16세와 결혼한 마리 앙투아네트가 처형당하기 전 마지막으로 갇혀있었다는 곳, 콩시에르 주리로 향했다.

콩시에르 주리는 생트 샤펠 바로 옆에 붙어 있다. 오픈 시간이 딱 30분 차이 나서 생트 샤펠을 보고 넘어오면 딱이다. 입구로 들어가자마자 보이는 것은 거대한 홀이고, 홀을 지나 기념품 가게 사이로 난 문으로 들어가면 비로소

마리 앙투아네트가 마지막으로 머물렀다는 콩시에르주리와 그 안쪽의 여자 교도소

감옥 시설을 볼 수 있다. 습하고 공기가 좋지 않아 죄수들이 괴로워했다는 감옥이다. 감옥 내부에 창이 없고 복도로 나와서야 작은 창이 하나씩 뚫려 있다. 신분이 높거나 재산이 많은 죄수는 좀 더 좋은 방과 좋은 식사를 누릴 수 있었다고 한다. 프랑스 대혁명 당시 수많은 사람들이 처형되기 직전 이 감옥을 거쳤다. '이름의 방'에서 이들의 처형 이유와 재판 결과를 터치스크린으로 열람할 수 있다.

감옥 한가운데에는 여죄수들을 위한 정원이 있다. 감옥에 갇혀 있다가 잠깐씩 나와 해와 바람을 맞으며 산책을 했다고 한다. 기요틴의 차가운 칼날 아래 목이 잘릴 운명을 상상하며 정원을 걸었을 귀족들을 상상해 보았다. 대혁명 당시 귀족은 선택받은 소수였기 때문에 대부분이 재판에 넘겨지고 많은 수가 처형당했다고 한다.

여성 죄수들을 위한 공간.
기요틴의 칼날이 드리운 듯한 느낌이 든다.

ep#9

아! 노틀담

인연이 아니었던 성당

여행의 시작과 끝은 모두 파리였다. 3월 초에 파리에 도착해 동네 시장인 마르셰를 보고, 두 달 동안 유럽을 한 바퀴 돌고 돌아와 5월 초부터 일주일간 파리를 여행하고 마지막으로 골동품이 많다는 방브시장에 들러 멋진 그릇을 사서 한국에 돌아올 계획이었던 것이다. 처음 파리에 도착했을 때는 몽마르트 언덕을 오르고, 친구가 일하고 있는 카페를 찾아가고, 게스트하우스 근처 골목의 정취를 즐기는 등 여유를 즐기고 있었다. 그러니 노틀담 성당이나 루브르 박물관 같이 뮤지엄 패스를 들고 바삐 다녀야 하는 일정은 5월달로 미루

불타오르는 노틀담 대성당 ©GodefroyParis

고 있었는데, 아뿔싸. 노틀담 성당의 근황을 알게된 것은 4월 중순 즈음 스페인 바르셀로나에 있을 때였다. 화마에 휩싸인 커다란 탑이 천천히 무너지고, 파리 시민들이 눈물을 흘리며 기도를 올리는 모습이 뉴스에 내내 방영됐다.

5월에 파리에 돌아와 소 잃고 외양간 고치는 무거운 마음으로 시테 섬을 찾았다. 시테 섬은 센강 물길을 두 갈래로 가르는 섬으로, 노틀담 성당, 생트 샤펠, 판테온, 콩시에르 주리, 생 쥐니비에브 도서관, 그리고 아랍 문화원 등의 역사적인 건축물들이 올라타 있다. 생트 샤펠과 몇몇 건축물을 본 후 밖에서라도 노틀담 성당을 보려고 걸어가니 성당을 둘러싼 한 블럭 안으로 통행제한이 이뤄지고 있었다. 아쉬운 마음을 뒤로 하고 돌고 돌아 시테 섬을 빠져나갔더니 오히려 섬 바깥에서 성당의 윤곽이 선명하게 보였다.

노트르담 공사 장면

망원렌즈를 꺼내 성당의 모습을 조심스레 담았다. 노트르담 대성당의 상징인 거대한 원형 장미창은 하얀 망으로 가려져 있어 유리가 멀쩡한지 확인할 수 없었고, 그 위에 있는 작은 장미창의 유리는 깨져서 앙상한 프레임 위로 검게 탄 자국이 남아있었다. 우뚝 솟아있던 탑은 쓰러져서 온데간데 없고, 좌우로 느리게 움직이는 크레인과 쇠파이프로 짠 거대한 비계 구조물이 성당 위를 감싸고 있었다. 그래도 돌로 만든 구조물은 그대로 남아 있어 전체적인 윤곽은 크게 변하지 않았다는 점이 보는 이들을 안심시켰다. 화재가 났을 때 건물 자체 구조와 내부의 중요 문화재의 피해를 최소화하도록 소방 작전을 짰다고 한다.

언젠가는 사라지는 것이 건축물의 운명이라지만, 하필 첫 파리 방문에서 지나쳐 두 달 뒤를 기약하는 사이 화재로 최후를 보게 될 것이라는 건 예상하지 못했던 문제다. 유럽 성당의 역사에서 ㅇㅇ년도에 불타서 ㅇㅇ년도에 재건했다, 라는 부분을 익숙하게 보아왔다. 하지만 그 역사 속의 한 줄이 눈앞에서 펼쳐지니 그 많은 성당이 불탔던 사건들이 이곳의 시민들에게는 매우 큰 사건이었으며, 재건하는 데 얼마나 큰 노력과 예산이 투입되었는지 와닿는 것이다. 영원히 그 자리에 굳건히 있을 것 같았던 건축물이 어느 순간 사라지거나 위기를 맞는 것을 보면 가까이 있는 소중한 것들을 밀도있게 끌어안고 싶어진다.

> **노트르담 대성당(Cathédrale Notre-Dame de Paris)** : 규모보다는 장식에 집중한 프랑스 고딕 양식(Rayonnant architecture) 성당의 정수다. 중앙에서 방사형으로 뻗어나가는 원형 스테인드 글라스 창이 특징이다. 노트르담은 성모 마리아를 뜻한다. 최초로 플라잉 버트리스(flying buttress)를 적용한 고딕 성당이다. 버팀도리, 비량 등으로 불리는 플라잉 버트리스는 성당 벽면을 높여서 옆으로 무너지지 않게 하기 위한 장치다.

불타기 전, 노트르담의 우아한 모습

혼자, 68일

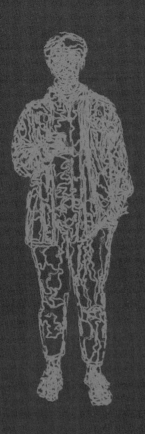

1 PERSON

WOMYN

30 YEARS OLD

68 DAYS

2019
MARCH → MAY

LUGGAGE LOAD
19KG → 33KG

CARRIER
28"(BROKEN) → 30"

1 CAMERA
2 IPHONE
1 KEYBOARD
(BLUETOOTH)

기차 탑승 시간 (분)

1,000			
800			
600			
400			
200			
0			
3/8	3/15		4/1

여행의기록

TRAVEL JOURNAL

163,643자
68회
1회 평균 2,406자

PHOTO & VIDEO

12,103개의 사진과 영상

BRUNCH

유럽으로 떠난 마닐씨
(2019.10.29 오전 기준)
총 뷰 59,858
편당 최고 뷰 13,053 (#60)

ON RAILROAD

기차 탑승 횟수 57회

총 탑승시간 121시간 23분
1회 평균 탑승시간 2시간 8분

총 이동거리 12,100 KM
1회 평균 이동거리 212.3 KM

ON FOOT
(IPHONE 건강앱 기준)

총 도보 수 1,035,332 보
1일 평균 도보 15,225 보

총 이동거리 706.9KM
1일 평균 이동거리 10.4KM

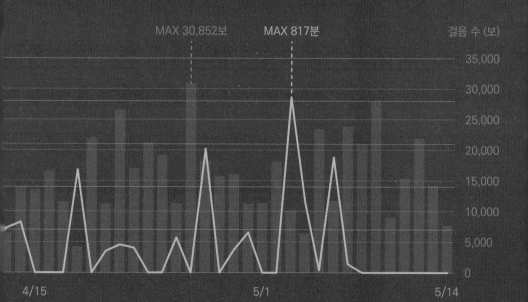

MAX 30,852보 · MAX 817분 · 걸음 수 (보)

35,000 / 30,000 / 25,000 / 20,000 / 15,000 / 10,000 / 5,000 / 0

4/15 · 5/1 · 5/14

Book · Character · Goods · Advertisement · Graphic · Marketing · Brand consulting

D · J · I
BOOKS
DESIGN
STUDIO

facebook.com/djidesign

D · J · I BOOKS DESIGN STUDIO

건 축 가 와　함 께　걷 는

고요와 평화로
지어올린 성당

1판 1쇄 인쇄 2021년　9월　5일
1판 1쇄 발행 2021년　9월　10일

———

지 은 이　**문마닐**
발 행 인　**이미옥**
발 행 처　**J&jj**
정　　가　**17,000원**
등 록 일　**2014년 5월 2일**
등록번호　**220-90-18139**
주　　소　**(03979) 서울 마포구 성미산로 23길 72 (연남동)**
전화번호　**(02) 447-3157~8**
팩스번호　**(02) 447-3159**

———

ISBN 979-11-86972-88-5 (03920)

J-21-06

J & jj
제이 앤 제이제이